Christine Hochreiter

Glücksorte in Niederbayern

Fahr hin & werd glücklich

Dieses

Glücksbuch

ist für

Liebe Glücksuchende,

Niederbayern ist flächenmäßig der zweitgrößte bayerische Regierungsbezirk. Die Region ist „Bayern ohne Make-up", so hat es der Journalist Teja Fiedler einmal formuliert. Da ist was dran. Niederbayern ist authentisch, echt und wahr. Daher lebe ich auch so gerne hier. Im Zuge der Reise-Einschränkungen der Corona-Pandemie habe ich meine Heimat noch einmal ganz neu entdeckt.
Niederbayern ist so vieles: der bergige Bayerische Wald, der flache Gäuboden, die Höfe- und Thermenregion Rottal, das weltgrößte Hopfenanbaugebiet Hallertau, Flusslandschaften, Kirchen, Klöster, Kunst und Kultur, exzellente Nahrungsmittel und viel Handgemachtes.
Für mich hat Glück viel mit einfachen Dingen zu tun: mit Ruhe, Bewegung an frischer Luft, Natur, gutem Essen und Trinken, schönen Dingen, der Begegnung mit interessanten Menschen und dem, was sie tun. Das Offensichtliche lässt sich per Mausklick finden.
Das Spezielle muss man sich erschließen.
Gerne nehme ich Sie mit zu Orten, die für mich etwas Besonderes sind und an denen Sie vielleicht ein Stück Glück finden.

Ihre Christine Hochreiter

Deine Glücksorte ...

1 **Offline entschleunigen**
Das Hofgut Hafnerleiten in Bad Birnbach 8

2 **Klein und außergewöhnlich**
Die Schönheitsfarm Fohlenhof in Neuschönau 10

3 **Magisches Meeresgold**
Das Bernsteinmuseum in Bad Füssing 12

4 **Kraft aus der Stille**
Das Neue Welt Haus in Buchet bei Griesbach 14

5 **„Bayerisch Retreat"**
Auf Tilli's Hof in Kirchberg wie früher leben 16

6 **Glück aus Glas**
Ein Besuch bei Magdalena Paukner in Lindberg 18

7 **Eine süße Versuchung**
Das Café Krönner in Straubing 20

8 **Noble Baumriesen**
Die Lindenallee in Ortenburg 22

9 **Ein Stück Bahn-Nostalgie**
Die Eisenbahnfreunde und die Ilztalbahn 24

10 **Jetzt regiert die Natur**
Der Taferlsee im Vils-Engtal 26

11 **Ein Traum von Wein**
Degustation auf dem Weingut Weizenberger in Passau 28

12 **Kunst, die erhellt**
Das Glas-Atelier Scholle-Deubzer in Osterhofen 30

13 **Genussort Gaumen**
Der Pichelsteiner – die Spezialität von Regen 32

14 **Schöne Nostalgie**
Das Kaffeekannen-Museum Oberaichbach 34

15 **Besuch beim Pils-Erfinder**
Die BierUnterwelten in Vilshofen 36

16 **Genussreiche Geschichte**
Die Villa Breitenberg 38

17 **Pasta- und Pesto-Paradies**
NudelneSterl in Bad Griesbach 40

18 **„Rupfhaubn" & „Reishubbal"**
Kochen und backen lernen wie bei Oma 42

19 **Aus Liebe zum Holz**
Die Drechslerei Geis in Röhrnbach 44

20 **Haus über dem Fluss**
Die Rottbrücke zwischen Neuhaus und Mittich 46

21 Eine Bühne für die Natur
Das Hotel Euler in Neuschönau 48

22 Die Wunderquelle
Frauenbründl: Kirche, Klause und Kerzenkapelle 50

23 Wo der Wildbach rauscht
Eine Wanderung durch die Saußbachklamm 52

24 Überfahrt auf Abruf
Die Donaufähre in Sandbach 54

25 Glück auf Brettern
Der Switch Boardershop in Straubing 56

26 Klerikales Schatzkästchen
Die Asambasilika in Osterhofen-Altenmarkt 58

27 Zurück zum Urgeschmack
Der Voglhof in Dietersburg 60

28 100 Stufen zum Traumblick
Der Aussichtsturm „Stoabruch" Büchlberg 62

29 Auszeit zwischen Bäumen
Ein geführtes Waldbad im Landshuter Forst 64

30 Wellness mit Tiefgang
Das Kurhaus Schärding der Barmherzigen Brüder 66

31 Auf Gin-Safari
Die Engel Naturbrennerei in Schönau 68

32 Regionale Rarität
Die Handweberei F. X. Moser in Wegscheid 70

33 Baldrian, Bier und Banane
Essig-Hans in Birnbach: Experte für Saures 72

34 Augenblicke zum Verlieben
Ein Besuch auf dem Alpakahof Ausham 74

35 Ein Bett im Kornfeld
Sommer-Aktion des Biohofs Fischer-Ittlinger 76

36 Mit dem „Goggo" fing es an
Industriegeschichte im Museum Dingolfing 78

37 Tibor und Balu als Stars
Der Bärenpark in Hart bei Bad Füssing 80

38 Schuhe und Socken aus!
Unterwegs auf dem Barfußweg in Sankt Englmar 82

39 Ein Traum aus Vinyl
Vinylothek – Plattenparadies in Eggenfelden 84

40 Ein Vollbad im Mondschein
Zu Gast bei der Rottaler Familie Espenberger 86

… noch mehr Glück für dich

41 **Kanupolo und Kultur**
Spaziergang rund um den Alten Hafen Kelheim 88

42 **Mit Liebe handgemacht**
Die Kleine Seifensiederei in Ruhstorf 90

43 **Wo das Glück läutet**
Peterhäusl's mobiler Dorfladen 92

44 **Hopfen-Gin und Bierschoko**
Die Liqueur & Genussmanufaktur Lutzenburger 94

45 **Im Grünen**
Bogners Bio in der historischen Saußmühle 96

46 **Eine Reise ins Universum**
Die Sternwarte Winzer auf dem Pledlberg 98

47 **Himmlisches Abenteuer**
Der Ballonhafen in Bad Griesbach 100

48 **Wo das Glück unterwegs ist**
Natur-Coaching für neue Perspektiven 102

49 **Eine heilige Ruhe**
Der spirituelle Garten des Klosters Neustift 104

50 **Schwitzen wie die Römer**
Die Römersauna der Limes-Therme Bad Gögging 106

51 **Kunst und Bier**
Der Kuchlbauer Turm in Abensberg 108

52 **Fragile Schönheit**
Die Kristallglasmanufaktur Theresienthal 110

53 **Im Reich der Kerzen**
Ein Besuch bei Wiedemann in Deggendorf 112

54 **Die Kneipp-Hochburg**
Altes Wissen neu belebt in Haidmühle 114

55 **Im Takt mit der Natur**
Hofladen und -café Röll in Sandharlanden 116

56 **Ein ganz spezielles Schiff**
Mit dem „Barefoot Boat" die Donau hinab 118

57 **Die gläserne Eismanufaktur**
Anders als andere: Das Chocolat in Landshut 120

58 **Ein Hauch von Afrika**
In Waldhäuser auf Theuerjahrs Spuren 122

59 **Liebe als Grundzutat**
Die BackLiesl in Riedenburg-Prunn 124

60 **Raum für Künstler**
Das Gut Eglsee – selbst ein Kunstwerk 126

61 **Biathlon für jedermann**
Das Hohenzollern Skistadion am Arber 128

62 **Duftende Schätze**
Das neue Kloster Furth bei Landshut 130

63 **Von Hand gerollt**
Cigarrenfabrik Wolf & Ruhland in Perlesreut 132

64 **Kultiger Drehort**
Der Eberhofer-Kreisel in Frontenhausen 134

65 **Alles Maßarbeit**
Dinklreiter Edel und Schuh in Bad Griesbach 136

66 **Schön von innen und außen**
Elke Burmeisters Öcouture in Ingling 138

67 **Ein Nest auf Zeit**
Haidl-Madl Ferienwohnungen in Bischofsreut 140

68 **Auszeit vom Alltag**
Das Blumen-Café in Landshut 142

69 **Karibisches am Isarstrand**
Goderbauer Keramik in Landshut 144

70 **Die süße Attraktion**
Der Honigladen in Bad Birnbach 146

71 **Die Magie des Berges**
Die GutsAlm Harlachberg in Bodenmais 148

72 **Zeitreise ins Mittelalter**
Das Fest „Auf Heller und Barde" in Arnstorf 150

73 **Göttliche Unterkunft**
Ferienwohnungen in der Lukaskirche Kelheim 152

74 **Besser als im Kino**
Das Paul-Theater in Straubing 154

75 **Ein Herz für die Natur**
Der Ponzaunerhof in Hebertsfelden 156

76 **Süße Verführung**
Die „Sweet Factory" in Pfarrkirchen 158

77 **F(r)isch auf den Tisch**
Verbeek Fischzucht in Außernzell 160

78 **Augen- und Gaumenschmaus**
Hofkäserei Familie Moser in Rotthalmünster 162

79 **Die persönliche Pfanne**
Hammerschmiede Kindermann in Waldkirchen 164

80 **Verzauberte Möbel**
Die Schwägerlwirtschaft in Passau 166

Offline entschleunigen

1 Das Hofgut Hafnerleiten in Bad Birnbach

Endlich einmal Ruhe. Was für ein Glück! Weg von zu Hause und doch daheim – inmitten von Wiesen und Wäldern, in einem 30.000 Quadratmeter großen Garten in einem eigenen Häuschen an einem Rückzugsort, der etwas ganz Besonderes ist. Man wohnt in einem der sieben Themenhäuser mit offenem Wohn- und Schlafraum sowie einer Teeküche wie beispielsweise dem Baumhaus, dem Wasserhaus auf Stelzen, dem Hang- ,Terrassen- oder Bootshaus samt Badeteich oder einem der drei größeren Rottaler Langhäuser. In Letzteren gibt es sogar eine eigene Küche.

Das Hofgut wurde 1999 als erste Kochschule Niederbayerns gegründet. 2001 eröffneten der Koch und Baristameister Erwin Rückerl und seine Frau Anja Horn-Rückerl, eine gelernte Hotelfachfrau, mit dem Bootshaus ihre erste Unterkunft. Danach bekam das Hofgut stetig Zuwachs und seine Architektur wurde mehrfach preisgekrönt. Bad Birnbach gehört zum Rottaler Bäderdreieck, das über die Region hinaus vor allem wegen seiner Thermen und Golfplätze bekannt ist. Die Häuser sind eine WLAN-freie Zone (wer unbedingt online gehen will, kann dies im Haupthaus oder auch im Tagungsraum tun) und es ist so wohltuend, nicht ständig erreichbar zu sein, einmal auch virtuell abzuschalten. Es sich gemütlich machen, ausgiebig brunchen (das Frühstück wird je nach Wunsch mit selbst gemachter Marmelade und Eiern von hofguteigenen Hühnern ins Haus geliefert), vor dem Schwedenofen kuscheln, die Seele baumeln lassen, in die Landschaft schauen, ein Bad in der freistehenden Badewanne nehmen oder in den Teich springen, lesen, dösen, sich auf diesen besonderen Energie- und Kraftort einlassen, still werden.

TIPP
Am See gibt es eine finnische Sauna.

Wenn man das Bedürfnis nach Gesellschaft hat, begibt man sich in das Herzstück des Hofguts, den Innenhof, trinkt vielleicht einen Kaffee. Dort kommen die Gäste abends zum Aperitif zusammen und gerne miteinander ins Gespräch. Die Vorspeise, das Dessert und ausgewählte Getränke nehmen sie in einem Korb in „ihr" Haus mit. Der Hauptgang wird ihnen gebracht. Entschleunigung pur!

● Hofgut Hafnerleiten, Brunndobl 16, 84364 Bad Birnbach, Tel. (0 85 63) 9 15 11
www.hofgut.info

Klein und außergewöhnlich

2 Die Schönheitsfarm Fohlenhof in Neuschönau

1955 gründete Gertraud Gruber am Tegernsee die wohl erste „Schönheitsfarm" Europas. Sie setzte auf ein – wie man heute sagen würde – ganzheitliches Konzept: neben täglichen Kosmetikbehandlungen gesunde Kost, Bäder, Massagen, Entspannung und sanfte Bewegung. Michaela Wernsdorfer hat dort ihre Ausbildung gemacht und danach für den „Fohlenhof" ein eigenes Konzept entwickelt. Die Umgebung könnte dafür nicht besser geeignet sein: Ihre kleine, feine und sehr besondere Farm befindet sich inmitten des Nationalparks Bayerischer Wald in einer kleinen Waldoase fernab von Ablenkung und Stressfaktoren. Ihren ausschließlich weiblichen Gästen tischt sie beste Lebensmittel in Bio-Qualität auf, macht verschiedene Sportangebote wie Morgengymnastik, Pilates, Yoga oder Feldenkrais. Auch die Atmosphäre vor Ort ist speziell: Landhaus-Stil, unbehandeltes Holz, frische Blumen überall, Leinen. Unter dem Motto „Immer in guten Händen" geht es auf dem Fohlenhof warmherzig und unkompliziert zu. Um die maximal 30 Gäste kümmern sich fast doppelt so viele Mitarbeiter. Hier gibt es eine große Liegewiese, ein Kneippbecken, ein Saunahäusl und einen Barfußpfad. Das Herzstück ist das gut 100 Jahre alte Haupthaus. An dem kleinen See kann man einfach nur sitzen, Frösche, Libellen und weiter entfernt Pferde beobachten, man kann aber auch darin schwimmen. Hier ist plötzlich alles auf einmal so unbeschwert. Ungeschminkt und ungeschmückt, – wenn man mag, im Bademantel – lesen, schauen, plaudern, plantschen, ruhen.

TIPP

Das Tierfreigelände im Nationalparkzentrum Lusen liegt nur wenige Gehminuten entfernt.

Die meisten Gäste – darunter viele Stammkundinnen – kommen für eine Kurwoche. Wer nicht so viel Zeit hat, bucht einen Verwöhntag oder „ambulant" spezielle Behandlungen. Die Chefin wünscht sich für alle das Gleiche: Wer den Fohlenhof verlässt, soll das möglichst entspannt tun und viele positive Anregungen in den Alltag mitnehmen. Die Niederbayerin ist überzeugt, dass man auch mit kleinen Dingen viel erreichen kann. Zum Beispiel einfach mal die Mundwinkel hochziehen – und schon steigt auch die Stimmung.

● Schönheitsfarm Fohlenhof, Schleifer Weg 2, 94556 Neuschönau, Tel. (0 85 52) 9 73 90, www.fohlenhof.de

Magisches Meeresgold

3 Das Bernsteinmuseum in Bad Füssing

Nur zwei Gehminuten von der Kurverwaltung entfernt machen Spaziergänger eine erstaunliche Entdeckung. In dem Ort, der eigentlich für das heilende Thermalwasser aus dem ländlichen Boden bekannt ist, gibt es ein Museum für das Gold der Meere. Die in der Region geborene Bernsteinexpertin Emma Maria Kuster, die in die USA ausgewandert war, hat es nach ihrer Rückkehr 1992 gegründet.

Zu den Kostbarkeiten der Sammlung zählen nicht nur das größte Schachspiel der Welt aus Bernstein, chinesische Mandarin-Ketten, eine Replik des 4000 Jahre alten Bernstein-Colliers aus Ingolstadt und tibetanische Gebetsketten, sondern auch überraschend große Skulpturen. Dicht gedrängt reihen sich die Exponate auf. Sie zeigen die farbliche Variationsbreite des Bernsteins (von honiggelb über orange bis hin zu schwarzbraun) und ermöglichen außerdem einen spannenden Einblick in die Erdgeschichte. Das Museum präsentiert eine breite Palette von Bernsteinen mit sogenannten Inklusen (Einschlüssen). Dabei handelt es sich um Fossilien von kleinen Tieren oder Pflanzenteilen, die seit Jahrmillionen perfekt erhalten sind.

Bereits seit vorgeschichtlichen Zeiten wird das versteinerte Harz der Urzeit-Bäume als Schmuck und für Kunstgegenstände genutzt. Kuster machte Bernstein in den USA publik. Als Schmuckdesignerin für die Kaufhauskette Saks 5th Avenue beschäftigte sie sich mit dem Material in all seinen Ausprägungen und gründete in San Francisco ein Bernsteinmuseum. Die Sammlung präsentiert sie nun in ihrer Heimat.

Das berühmteste Kunstobjekt aus Bernstein war das Bernsteinzimmer, ein Prunkraum, den Preußenkönig Friedrich Wilhelm I. 1716 dem russischen Zaren Peter I. überließ und das seit dem Zweiten Weltkrieg verschwunden ist. Die spannende Suche wird in dem Museum dokumentiert.

Und nicht wenige Besucherinnen verlassen den magischen Ort mit Souvenirs aus dem Shop. Dazu gehören auch Bernstein-Salbe, -Shampoo oder -Öl, denn dem Gold der Meere wird auch eine positive Wirkung auf die Gesundheit nachgesagt.

- Bernstein Museum, Heilig-Geist-Straße 2, 94072 Bad Füssing, Tel. (0 85 31) 98 10 34, www.bernsteinmuseum.com
- ÖPNV: ab Bf. Passau Bus 6106 nach Bad Füssing, Haltestelle Kath. Kirche

Kraft aus der Stille

4 Das Neue Welt Haus in Buchet bei Griesbach

Die Neue Welt ist gar nicht so leicht zu finden. Das Auto hoppelt über einen schmalen Schotterweg, der bei einem liebevoll restaurierten 300 Jahre alten Hof in Buchet endet. Hier haben zwei Männer ihr Glück gefunden. Zuvor hatten Adrian und Rainer Stingl im Münchner Glockenbachviertel das Café Glück gegründet und viele Jahre betrieben. Doch irgendwann wollten sie etwas Neues in Angriff nehmen – das, was sie im Leben gelernt und erfahren haben, auch ihr Glück, mit anderen Gleichgesinnten teilen. Dabei haben die Stingls den Namen ihres Seminarhauses samt Ferienpension nicht etwa selbst erfunden, sondern nur wiederbelebt. In der Gegend kennen die Älteren diesen Ort tatsächlich noch als die „Neue Welt". A propos neu: Der Pilgerweg Via Nova führt direkt vorbei.

Der Heilpraktiker und Therapeut Adrian Stingl und Ehemann Rainer haben über zehn Jahre gewerkelt, um diesen Kraftort im Rottal zu erschaffen. Mit ihren Kursangeboten und dem Teilen dieses Platzes wollen sie ihren Beitrag zu einer besseren, neuen Welt leisten. Hier fühlen sich nicht nur die Tiere wohl – Rehe kommen bis ans Haus, Hühner gackern, Katzen schleichen über das weitläufige Areal und wenn sie ihre Leckerli nicht zur gewohnten Zeit bekommen, protestieren die Schafe laut blökend. Auch die Menschen schätzen die Atmosphäre in der ruhigen Talmulde. Die Gastgeber wohnen im alten Bauernhaus. Für ihre Gäste haben sie den Anbau als Seminarhaus komplett modernisiert – mit biologischen Materialien und ohne Elektrosmog. Verköstigt werden die Mitbewohner auf Zeit aus Respekt vor der Natur ausschließlich vegetarisch. Als Extras gibt es ein Bad im Pool oder eine schweißtreibende Sitzung in der Sauna. Im Gästebuch lobt eine Frau, seit Jahren nicht so gut geschlafen zu haben. Sieben Gästezimmer gibt es insgesamt und in dem 90 Quadratmeter großen Seminarraum ist Platz für Yoga, Meditation und mehr. Wenn das kein Omen ist: Evi Glück, „Wegbegleiterin der neuen Zeit", hat diesen Ort entdeckt und hält viele ihrer Kurse hier ab.

● Neue Welt Haus, Buchet 11, 94086 Bad Griesbach, Tel. (0 85 32) 92 62 54
www.neuewelt.haus

„Bayerisch Retreat“

5 Auf Tilli's Hof in Kirchberg wie früher leben

Bei Tilli alias Marie-Luise Freimuth sind sie alle gleich: die Hausfrau, der Manager, die Studentin, der Altenpfleger, die Beamtin. Wer durch das Tor ihres historischen Vierseithofs tritt, legt seine Rolle ab. Die ehemalige Bankkauffrau wünscht sich, dass ihre Gäste „als Menschen“ und ohne den Status kommen, den sie im Laufe ihres Lebens erreicht haben. Hier braucht man kein Smartphone, kein Notebook und keine Uhr, und wenn man mag, tauscht man das „normale“ Outfit gegen schlichte Hofkleidung, wie sie früher getragen wurde. Unter einem Kopftuch ist die Frisur nicht wichtig und mit einem langen Rock bewegt sich frau schon irgendwie anders als mit einer Jeans. Unter dem Motto „Heute leben wie damals“ kann man hier als „Magd“ oder „Knecht“ auf eine Zeitreise gehen und bekommt ein Gefühl dafür, wie der bäuerliche Alltag vor einem Jahrhundert ausgesehen hat. Dazu gehören Aufgaben wie mit der Sense mähen oder den Hühnerstall ausmisten. Durch die körperliche Arbeit und die Konzentration auf all das, was an einem Hoftag zu erledigen ist, rücken eigene Befindlichkeiten und Problemstellungen immer mehr in den Hintergrund – eine außergewöhnliche Art abzuschalten. Tilli nennt das „Bayerisch Retreat“. Ihr Hauptmotiv: neue, andersartige Angebote zur besseren Stressbewältigung machen.
Auf ihrem Bauernhof im Bayerischen Wald kann alles sein, nichts muss. Auch wer nur faul im Heu liegen, einfach da sein und eine Auszeit nehmen möchte, ist willkommen. Bei Tilli kann man waldbaden, meditieren, Entspannungstechniken erlernen, sich mit Kräutern beschäftigen und lernen, wie man diese verwendet, Yoga praktizieren, ein Heubad im ehemaligen Troadkasten (Getreidespeicher) aus dem 18. Jahrhundert nehmen. Übernachtet wird schlicht in rustikalen Kammern im Bauernhaus oder in gemütlichen Schlafnischen auf dem Dachboden. In der Küche im ehemaligen Kuhstall kochen alle gemeinsam: regional, vegetarisch/vegan oder deftig-bayerisch und durch gute Gespräche soll schon so manche Freundschaft entstanden sein.

● Tilli's Hof, Unternaglbach 4, 94259 Kirchberg im Wald, Tel. (0 99 27) 9 50 74 70
www.tillishof.de

Glück aus Glas

6 Ein Besuch bei Magdalena Paukner in Lindberg

Ein Kleinod mitten in der Natur: An ihrem Lebens- und Lieblingsort Lindberg, einem kleinen Ort in der Nähe der „Glasstadt“ Zwiesel, präsentiert Magdalena Paukner in ihrem Atelier handgemachte gläserne Schönheiten in kräftigen Farben: filigranen Blütenschmuck, mehrfarbige Trinkgefäße und Karaffen, Vasen und Schalen, Lampen und Leuchtobjekte – jedes einzelne Stück ist ein Unikat. Wer einmal aus ihren bunten Gläsern getrunken hat, mag kein Industrieglas mehr in die Hand nehmen. Das Glasmachen liegt in der Familie: Schon der Vater und Großvater waren Glasschleifer, ein Urgroßvater Glasmachermeister. Im Zuge des Niedergangs der ehemals so ruhmreichen Glasindustrie sehen heute manche keine große Zukunft mehr für diesen Beruf, doch Magdalena Paukner hatte Feuer gefangen und geht nun unbeirrt ihren Weg. Die Niederbayerin arbeitet nicht nur am Glasofen, sondern verbringt auch viel Zeit am wesentlich kleineren Glasbrenner. Da formt sie Blüten, Blätter und Beeren zu zarten Halsketten, Armbändern, Haarspangen, Broschen und Ohrringen. Die Natur ist ihr Vorbild, ihre Inspiration. Die Niederbayerin lebt mit ihrer Familie in einem Bauernhäuschen mit vielen Tieren. Im Garten singt, summt und brummt es allerorten: Vögel, Bienen und Schmetterlinge fliegen umher. Die Glaskünstlerin liebt Blumen und Früchte, baut Gemüse und Kräuter an. Der Glasschmuck ist ihre Spezialität und es gibt nicht wenige Damen, die inzwischen ganze Obst- und Blumen-Schmuckkollektionen ihr Eigen nennen. Je nach der Jahreszeit formt sie über der fauchenden Gasflamme Hagebutten, weiße Rosen, Feuer-Lilien, Anemonen, Dahlien, Kornblumen, Veilchen, Hortensien, Kirschen, Erdbeeren oder Chilis. Man kann sich kaum sattsehen an all den wunderschönen Exemplaren im gläsernen Garten voller außergewöhnlicher Kreationen. Mit den Schmuckstücken kann man sich ein Stück Lebensfreude um den Hals hängen oder an den Finger stecken. Damit gibt die Glasmacherin ein Stück vom Glück weiter, das sie selbst an diesem schönen Ort verspürt.

TIPP

Das Waldmuseum Zwiesel präsentiert die Geschichte des Glases in der Region.

● Magdalena Paukner, 94227 Lindberg, Tel. (0 99 22) 8 04 62 44
(Besuche nur nach Voranmeldung)
www.magdalena-paukner.de

Eine süße Versuchung

7

Das Café Krönner in Straubing

In Wien isst man Sachertorte, Linz ist berühmt für seine Linzer Torte und in Straubing? Da sollte man sich ein Stück Agnes-Bernauer-Torte gönnen – natürlich im Café Krönner. Denn nur hier gibt es das Original. Schließlich hat die Familie Krönner die süße Versuchung vor mehr als 60 Jahren erfunden: eine feine Schichttorte aus mit Mocca-Buttercreme gefüllten Nuss-Baiser-Böden. Die Krönners können wahrlich auf eine beeindruckende Geschichte zurückblicken. Sie lässt sich bis ins Jahr 1425 zurückverfolgen. Seit 1910 – damals erwarb die Familie das alte Hoebel-Lebzelter-Anwesen am Stadtturm – sind die Krönners in der Gäubodenmetropole ansässig – inzwischen in der fünften Generation als Konditoren und Kaffeehausbesitzer.

Das Café Krönner ist angenehm traditionell im Stil eines Wiener Kaffeehauses eingerichtet und wie in Österreich gibt es hier auch ein Glas frisches Wasser zum Kaffee – aus dem eigenen Brunnen. Wenn das Wetter passt, kann man auch draußen Platz nehmen und das Treiben am 600 Meter langen Stadtplatz mit dem Stadtturm in der Mitte beobachten. Für viele Einheimische und Touristen ist es ein „Ort zum Runterkommen". Es soll sogar Straubinger geben, die jeden Tag hier sind. Sei es, um zu frühstücken oder ein Stück Kuchen zu genießen. Das Rezept der Agnes-Bernauer-Torte ist trotz unterschiedlicher Ernährungstrends über die Jahrzehnte gleich geblieben. Und das soll auch so bleiben. Wer die Krönner-Spezialität bestellt, der weiß genau, was er bekommt.

TIPP

Zu Ehren von Agnes Bernauer finden alle vier Jahre Festspiele statt.

Doch wer war eigentlich Agnes Bernauer, die Namensgeberin der famosen Süßigkeit? Die Baderstochter aus Augsburg war die Geliebte und wahrscheinlich auch die erste Ehefrau des bayerischen Herzogs Albrecht III. Durch diese nicht standesgemäße Verbindung geriet Albrecht in Konflikt mit seinem Vater Herzog Ernst von Bayern-München, der Agnes Bernauer 1435 unter anderem wegen Zauberei anklagen und zum Tode verurteilen ließ. Sie wurde bei Straubing in der Donau ertränkt.

- Kaffeehaus Konditorei Krönner, Theresienplatz 1, 94315 Straubing, Tel. (0 94 21) 1 09 94, www.kroenner.de
- ÖPNV: Bf. Straubing, ca. 5 Min. Fußweg

LOUNGE
Krönner

Noble Baumriesen

8 Die Lindenallee in Ortenburg

Die vielen Bäume in dieser Chaussee sind nicht einfach nur ein Stück Wald. Wer in Ortenburg die steile, sich in die Landschaft windende Lindenallee vom Markt bis zum Schloss hinaufspaziert, betritt einen historischen Ort. Graf Joachim zu Ortenburg ließ hier in der Mitte des 16. Jahrhunderts die ersten Bäume pflanzen. Einige prächtige Exemplare sollen immer noch aus dieser Zeit stammen. Mit mehr als 100 Bäumen gilt die Straße als Naturdenkmal für die Kulturlandschaft des Passauer Raums. Mit ihren knorrigen Baumriesen, die eine majestätische Würde ausstrahlen, gehört sie vermutlich zu den ältesten Alleen in Deutschland. Heute sind die teils hohl gewordenen Bäume als ökologische Nischen Lebensraum für Höhlenbrüter wie Eulen.
Mit ein wenig Fantasie fühlt man sich bei einem Spaziergang auch heute noch wie ein adeliger Schlossbewohner oder ein hochnobler Gast. Nur diese durften früher die Allee betreten und bei sengender Sommerhitze in den angenehmen Schatten der Bäume eintauchen. Alle anderen, die Bediensteten und das „niedere“ Volk, mussten von und zum Schloss den sogenannten Laborantenweg, den Arbeiterweg, nutzen, der in westlicher Richtung parallel zur Allee verläuft.

TIPP

Der ehemalige Schlossgarten ist heute ein Wildpark.

In der Lindenallee ist die neuromanische katholische Pfarrkirche schon von Weitem zu sehen. Auf dem Weg hinauf vorbei am parkähnlichen Friedhof rückt das hoch über dem Markt liegende Schloss ins Blickfeld. Das bis auf einige Nebengebäude komplett erhaltene Gemäuer spiegelt nach einer umfassenden Renovierung den Bauzustand aus den Jahren 1562 bis 1575 wider. Große Teile sind öffentlich zugänglich. Auf dem Weg zum Eingang breitet eine mächtige Winterlinde, die 1899 gepflanzt worden sein soll, ihre Zweige aus.
Der schönste Raum des Schlosses ist zweifelsohne die Kapelle mit ihrer wunderbaren Holzkassettendecke. Hier kann man sich auch das Ja-Wort geben ebenso wie im gräflichen Empfangszimmer oder im festlich dekorierten Rittersaal. Und nicht selten sind es gerade die Linden, die den Hintergrund für Bilder von einem Glückstag bilden.

● Lindenallee, 94496 Ortenburg

Ein Stück Bahn-Nostalgie

9

Die Eisenbahnfreunde und die Ilztalbahn

Gleis 1 am Hauptbahnhof: Da steht er glänzend in der Sonne und wirkt wie ein Relikt aus einer vergangenen Zeit – der historische Uerdinger Schienenbus der Passauer Eisenbahnfreunde. Nostalgiefahrten im Auftrag der Ilztalbahn stehen auf dem Programm. An ausgewählten Tagen in der Fahrsaison, an Wochenenden und Feiertagen, ersetzt der weinrote Schienenbus aus den 1960er-Jahren die modernen grün-gelben Nahverkehrstriebwagen vom Typ Regioshuttle. Brummend, aber doch irgendwie faszinierend kommod geht es über Strecken, die man als Bahnreisender sonst nie befährt: über die Kachletbrücke hinauf Richtung Bayerischer Wald und dann durch das malerische Ilztal, das als eine der schönsten Flusslandschaften Europas gilt, über Kalteneck, Fürsteneck in das Tal des Osterbachs bis zum Endbahnhof Freyung (und wieder zurück). Der Clou im Schienenbus: Man guckt immer in Fahrtrichtung, denn jede Sitzgarnitur ist mit einem Griff umstellbar. Dass eine solche Fahrt überhaupt möglich ist, ist dem ehrenamtlichen Engagement vieler Ilztalbahn-Freunde zu verdanken, die dafür gesorgt haben, dass diese Bahnstrecke reaktiviert wird.

Ein besonders beglückendes Erlebnis ist diese Tour freilich mit den Fahrzeugen der Passauer Eisenbahnfreunde, kurz PEF. Der Verein hat es sich zur Aufgabe gemacht, Loks und Wagen, die historisch wertvoll sind, originalgetreu zu restaurieren, fahrbereit zu erhalten – und tatsächlich einzusetzen. Auf dem Gelände des ehemaligen Betriebswerks der Deutschen Bahn kann man die vielen riesigen Schätze nach Voranmeldung besichtigen: einen eleganten Speisewagen, Schienenbusse aus den 1960er-Jahren, insgesamt 25 Lokomotiven – darunter V 60 und V 90 – sowie Trieb-, Personen- und Güterwagen. Die ausschließlich ehrenamtlich aktiven Eisenbahnfreunde (Jüngere, Ältere, Frauen und Männer, die wenigsten davon sind Eisenbahner) haben eines gemeinsam: die Passion für Bahn-Nostalgie. Und so sind die Tage, an denen „ihre" Fahrzeuge auf den Schienen unterwegs sind, nicht nur für die Passagiere Freudentage.

- Passauer Eisenbahnfreunde, Haitzinger Straße 12, 94032 Passau, Tel. (01 70) 2 03 54 51 (Führungen nach Vereinbarung) www.passauer-eisenbahn.de
- ÖPNV: ab Passau Hbf. ca. 15 Min. Fußweg

ul. Zuladung 2000 kg

Jetzt regiert die Natur

10 Der Taferlsee im Vils-Engtal

Im Schatten der mächtigen Donau treten die vielen kleineren Flüsse, die durch Niederbayern fließen, in den Hintergrund. Dabei haben sie durchaus mehr Aufmerksamkeit verdient. Die Vils und ihr „Engtal“, der letzte Abschnitt, bevor das Flüsschen in die Donau mündet, gehören dazu. Das idyllische Tal erstreckt sich, beginnend auf Höhe des Ortes Mattenham, über vier Kilometer bis nach Vilshofen. Die scheinbar urwüchsige Landschaft entdeckt man am besten bei einer Wanderung oder einer Radtour.

Doch diese Gegend steht für mehr als Natur, denn sie hat eine interessante Historie. Bis kurz vor dem Zweiten Weltkrieg wurde hier Granit abgebaut. Seit Mitte des 19. Jahrhunderts beanspruchte die Granitindustrie mit mehr als einem Dutzend Steinbrüchen, großen Abraumhalden, der Steinverarbeitung vor Ort und weitläufigen Bahnanlagen das enge Tal. Ein Anfang vom Ende war der erstmalige Granitabbau unter Vils-Niveau am „Kahlhamer-Bruch“. Dadurch entstand ein großer überschwemmter Kessel. Mitte der 1930er-Jahre waren die Wassermassen durch Pumpen nicht mehr zu bändigen und man gab den Abbau in der Tiefe auf. Es entstand der „Taferlsee“.

TIPP
Vom Piske-Turm am Vils-Ufer hat man einen schönen Weitblick.

Der von Wald umgebene, ein wenig verwunschen wirkende See ist der Höhepunkt jeder Tour. Wenn man Glück hat, ist man allein, erfrischt sich bei sommerlichen Temperaturen im bis zu zwölf Meter tiefen Wasser oder genießt auf einer Bank die Ruhe mit einer mitgebrachten Brotzeit. Wer sich für die Geschichte interessiert, kann diese auf einem Granit-Themenweg anhand von Schautafeln nachvollziehen. Zu sehen sind noch etliche Überbleibsel aus der Hoch-Zeit des Granitabbaus wie ein alter Trafoturm, eine Waage und ein Schotterbunker.

Längst hat sich die Natur das Terrain zurückerobert und Biotope gebildet. Etwa 80 Hektar sind heute ein Naturschutzgebiet. Im Taferlsee tummeln sich Fische und rundherum haben zahlreiche Amphibien und Vögel einen neuen Lebensraum gefunden. Zur richtigen Zeit kann man sich an wilden Brombeeren laben. Natur pur also. Wir kommen wieder!

● Taferlsee, 94474 Vilshofen an der Donau

Ein Traum von Wein

11 Degustation auf dem Weingut Weizenberger in Passau

Hubert Weizenberger ist ein Perfektionist. Was er anpackt, macht er „gscheid“. Was so viel wie ordentlich, richtig und gut bedeutet. Das gilt auch für seine Träume. Die setzt er in die Tat um – wie die Vision von einem eigenen Weingut. Und so war es auch keine Überraschung, dass der gelernte Maschinenbauer mit Mitte 50 noch eine Ausbildung zum Winzer absolvierte. Mit großem Erfolg. Inzwischen kultiviert er hoch über der Donau hochwertigen Wein in Bio-Qualität: Donauveltliner, Donauriesling, Souvignier Gris, Muscaris, Sauvignac, Pinot Nova, Cabernet Jura und Cabernet Blanc – auf stattlichen 1,3 Hektar mit rund 6000 Rebstöcken an einem ganz besonderen Ort. Einige Produkte sind schon vom Namen her eine Hommage an die Dreiflüssestadt und ihr Terroir. Sie heißen „DanuBio Cuvée Weiß“, „IlzArt Secco Weiß“ und „InnFusion Cuvée Rot“.

Bei einer Weinprobe mit der Familie, Freunden oder Bekannten kann man sich von der Qualität des ersten Passauer Weins überzeugen. Vorher schlendert man – munter begleitet von Rauhaardackel-Dame Resi – durch den üppigen Weinberg und wähnt sich auf Urlaub. Dabei erklärt der Winzer seine Rebsorten und wie er sie hegt und pflegt. Er erzählt von den Besonderheiten der geografischen Lage und den Herausforderungen des biologischen Weinbaus. Weizenberger hat sich bewusst für den Anbau der neuen „PIWI“-Weine entschieden. PIWI steht für „pilzwiderstandsfähige Rebsorten“. Durch den Fokus auf PIWI kann weitgehend auf den Einsatz von Pflanzenschutzmitteln verzichtet werden. Im Keller ist Steinzeit angesagt. Statt in Holz oder Stahl lässt der Niederbayer seine Weine in Granitfässern reifen.

In geselliger Runde schwenkt man mit dem Gastgeber-Ehepaar Evi und Hubert die Gläser und verkostet auf Holzbänken unter einem dichten Blätterdach (bei schlechtem Wetter im alten Stadl) die exquisiten Produkte. Der Blick schweift in die Landschaft: auf die vielen Rebstöcke, auf Apfelbäume und die Bienenstöcke für den Weinberghonig. Wenn das kein gscheides Glück ist!

- Weinbau Weizenberger, Am Högl 2, 94034 Passau, Tel. (01 72) 2 83 17 74
www.weinbau-weizenberger.com
- ÖPNV: ab Bf. Passau Stadtbus K3, Haltestelle Am Högl

Kunst, die erhellt

12 Das Glas-Atelier Scholle-Deubzer in Osterhofen

Wie nennt man wohl diese Objekte? Lichtinstallationen, Leuchten, gläsernes Beleuchtungsdesign? Egal. Fakt ist, was die Glasmacherin Rike Scholle und der Glasveredelungsmeister Eduard Deubzer herstellen, ist höchste lichtgebende Handwerkskunst. Das Paar lernte sich auf der Glasfachschule in Zwiesel kennen und lebt die Leidenschaft für den Werkstoff Glas. Jeder von ihnen hat seinen eigenen Zugang, seine eigene Formensprache entwickelt. In Haardorf haben die beiden ihre Werkstatt in einem ehemaligen Stall eingerichtet. Dort hat jeder seinen Platz, seinen Part. Sie liebt Hitze und mag weiche Formen, das Runde; er bevorzugt Ecken, Kanten und gerade Linien wie bei Rechtecken und Würfeln.

Scholle bläst das Glas bei 1200 Grad am Ofen. Dann ist es flüssig wie Honig und friert bei Raumtemperatur quasi in Bewegung ein. Die Glasmacherin nutzt diesen Effekt gerne für ihre dynamischen Objekte, die aus vielen Einzelkomponenten bestehen. Nur gut zwei Minuten bleibt das flüssige Rohglas formbar. Scholle wickelt es mit ihrer Glasmacherpfeife auf und bearbeitet es virtuos – bis eine Lichtskulptur entsteht wie die „Anemone" mit ihren Schlingen aus Glas, die das Licht reflektieren und spannende Effekte erzeugen. Deubzer arbeitet mit selbst erschmolzenen Glasrohlingen, die er mit Steinen schleift. Über die Jahre hat er ein Faible für Kombinationen mit Metall entwickelt und sich das Know-how angeeignet, um auch diesen schwierigen Werkstoff frei von Hand präzise zu verschweißen und zu beschleifen. Ihre Leuchte „Drop" stellen sie gemeinsam her: Jede Glaskugel wird am Ofen geblasen. Mithilfe eines innovativen Stecksystems wird eine LED in die Kugel montiert. Die Drops sind aber nicht nur Lampen, sondern projizieren auch faszinierende Lichterscheinungen. All das und noch mehr kreative Leuchtobjekte kann man im Atelier neben der Werkstatt bestaunen. Hier glitzert und funkelt es, dass es eine Freude ist. Und so begeistern sich Kunden aus der ganzen Welt für grenzenlose Lichtkunst aus Niederbayern.

● Glas-Atelier Scholle-Deubzer, Haardorfer Straße 16, 94486 Haardorf, Tel. (0 99 32) 40 27 20, www.scholle-deubzer.de

SCHOLLE
DEUBZER
ss sculpture light

Genussort Gaumen

13 Der Pichelsteiner – die Spezialität von Regen

Fragt man einen Niederbayern nach einem typischen Gericht aus der Region, bekommt man oft „Pichelsteiner“ zur Antwort. Aber was ist das? Kurz gesagt: ein Eintopf aus verschiedenen Fleisch- und Gemüsesorten – mit einer langen Tradition: Zur genauen Entstehung gibt es mehrere Versionen in verschiedenen Varianten. Eine davon lautet: Die Wirtin Augusta Winkler soll für Regener Bürger, die am Kirchweihmontag noch zu später Stunde beisammensaßen, einen deftigen Eintopf gekocht haben. Den Herren mundete das Mahl so vorzüglich, dass sie 1874 die „Gesellschaft der Büchelsteiner“ gründeten. Sie kamen überein, sich immer am gleichen Datum das köstliche Gericht aus „Dreyerlei Fleisch vom Schwein, Rind und Kalb, dazu Erdäpfel, gelbe Rüben, Petersill, Zwiebel und Porri“ munden zu lassen.
Vor allem die zwei Orte Regen und Grattersdorf am Berg Büchelstein stritten (sogar vor Gericht) um die – nicht endgültig zu klärende – Urheberschaft. Gesichert ist, dass der Pichelsteiner einfach köstlich schmeckt und eine erstaunliche kulinarische Karriere gemacht hat. Der frühere Bundeskanzler Ludwig Erhard nannte ihn als Lieblingsgericht. 1894 wurde der Eintopf erstmals in einem Kochbuch erwähnt und gilt als Spezialität von Regen. Dafür wurde die Stadt 2018 von Bayerns Ernährungsministerium zum „Genussort“ gekürt.
Dem Pichelsteiner wurde sogar ein eigenes Fest gewidmet, das jedes Jahr Ende Juli/Anfang August stattfindet. Es zählt zu den größten Volksfesten in Bayern. Höhepunkte sind die abendliche Gondelfahrt und Wasserspiele auf dem Fluss Regen, ein Festzug mit dem Einzug der Köche, bei dem der Pichelsteiner-Kessel eine tragende Rolle spielt, sowie ein Feuerwerk. Am Pichelsteinermontag werden gut und gerne 3000 Portionen des Eintopfs ausgegeben. Unter der Zeit gibt es die Spezialität in vielen Gasthäusern der Stadt. Der Gasthof Falter ist eines davon. In der gleichnamigen Brauerei wird das Pichelsteiner Festbier nach einem alten Familienrezept gebraut.

● Pichelsteinerfest, 94209 Regen, www.pichelsteinerfest.com

FALTER
Recept deß
Pichelsteinermahles
de anno 1774
Nimm dreyerley Fleisch vom Schwein,
Rind und Kalb, dazu Erdäpfel, gelbe
Rüben, Petersill, Zwiebel und
Porri. Schneide kleine Stückel da-
von, thu alles in ein Kastroll, Salz
und Pfeffer dazu, langsam dämpfen,
ein bissl Brüh nachgiessen. So es gar
ist ergiebt diß eine kräftige, köst-
lich schmeckende
FALTER
REGEN
FALTER

Schöne Nostalgie

14 Das Kaffeekannen-Museum Oberaichbach

Für viele sind sie nichts (mehr) wert: die Kannen, die zu den Kaffeeservices gehören, die man früher einmal von Omas, Tanten und Müttern als „Aussteuer“ geschenkt bekam. Doch im Zeitalter von Coffee to go und noblen Maschinen, unter die man einfach nur noch Tassen oder Gläser stellt, sind sie nutzlos geworden. Das ist auch ein Grund, warum die Sammlung von Irmi Goth wächst und wächst. Inzwischen sind es bereits weit über 10 000 Stück: sehr wertvolle Kannen mit Platinrand oder Blattgold, witzige und weitgereiste Kannen. Damit fand sie ihr Museum auch im Guinnessbuch der Rekorde wieder. Die älteste Kanne stammt aus dem 18. Jahrhundert. Es gibt Kannen von berühmten Manufakturen, Kannen als Uhr, mit lustigen Motiven, in der Form von Tieren. Goths Lieblingsstück ist die Kanne „Tischlein deck dich“. Dass sie zu sammeln anfing, ist einem Zufall geschuldet. Die Schwiegermutter vermachte ihr ein Kaffeegeschirr mit einer wunderbaren Kanne, in die sie sich sofort verguckte. Ihre neue Liebe zu alten Kannen sprach sich schnell herum und sie bekam immer mehr Exemplare geschenkt – viele davon mit einer ganz besonderen Geschichte.
Ein Highlight ihrer Sammlung sind die von Prominenten signierten Kannen: Mehr als 500 Stück sind es bereits. Unterschrieben haben beispielsweise Angela Merkel, Markus Söder, Thomas Gottschalk, Dirk Nowitzki, Michael Schumacher, Daniel Küblböck, Johannes Heesters oder Gerd Müller. Um die Promi-Abteilung kümmert sich ihr Sohn. Er bittet schriftlich um eine Kanne mit Unterschrift, bringt auch schon mal Kannen auf den Weg oder kontaktiert berühmte Leute, wenn sie in der Region unterwegs sind.
Die Mama hat vom Sammeln noch lange nicht genug und erfreut sich jeden Tag an den bildschönen Exemplaren, die auch so vielen anderen Menschen Freude bereiten – sei es aus Nostalgie oder Wertschätzung für das Schöne. Für Goths Leidenschaft gibt es allerdings noch einen weiteren Motor. Sie verlangt keinen Eintritt, erbittet aber eine Spende für die Kinderkrebshilfe.

● Kaffeekannen-Museum (nach Voranmeldung), Hobauerweg 2, Oberaichbach, 84100 Niederaichbach, Tel. (0 87 07) 16 20

Besuch beim Pils-Erfinder

15 Die BierUnterwelten in Vilshofen

Bestellt man in Niederbayern ein Bier, bekommt man automatisch ein Helles serviert. Wer ein Pils möchte, muss es explizit ordern. Und so ist es schon ein wenig überraschend, dass die nach der böhmischen Stadt Pilsen benannte Bierspezialität von einem Niederbayern erfunden wurde, genauer gesagt von einem Vilshofener. In den BierUnterwelten mitten in der Stadt wurde dem Braumeister ein museales Denkmal gesetzt.
Seit 2017, dem Jahr des 175-jährigen Pils-Jubiläums, kann die seit 700 Jahren dokumentierte Biergeschichte aus nächster Nähe erlebt werden. Dass die Biersorte Pils ganz eng mit der Stadt an der Donau verbunden ist, ist auch in der Region wenig bekannt. 1842 hatte der Vilshofener Joseph Groll im Bürgerlichen Brauhaus in Pilsen das erste Mal ein „Pilsener" gebraut. Dafür brachte er aus der väterlichen Brauerei eine untergärig arbeitende Hefe als „Geheimzutat" mit. Im Ausstellungsraum unter der Erde steht er nun vornehm gekleidet in voller Lebensgröße – mit meisterhaft modellierten Silikonhänden und einem erstaunlich lebensechten Gesicht.
2014 hatte man nach dem Hinweis des hiesigen Kreisheimatpflegers einen weitläufigen Felsenkeller mit einem jahrzehntelang vergessenen 90 Meter langen Gang entdeckt. Heute ist dort die BierUnterwelt eingezogen. Hier erfährt man vieles rund um das bayerische Nationalgetränk und die hiesige Wirtshauskultur. So mancher kennt von den Erzählungen der Großeltern die Schank-Fenster der Brauereien, wo man frisch gezapftes Bier in der Milchkanne abholen konnte.
Hinter dem Ausstellungsraum öffnet sich das Tor zum effektvoll beleuchteten mittelalterlichen Felsengang. Mit einem kleinen Schlupfloch in einer Abmauerung fing es an. Heute betreten die Gäste den in Gneis geschlagenen Stollen durch mächtige Eichentüren. Dort ist es deutlich kühler. Mit jedem Meter, den man weiter vordringt, verspürt man die Faszination eines Ortes, der so lange Zeit sich selbst überlassen war. Als Souvenir gibt es am Ausgang ein spezielles Glas, mit dem man auf den Erfinder des Pils anstoßen kann.

TIPP
Die nahe gelegene Strandbar Donaustrand 7 ist ein toller Ort, um zu entspannen.

- BierUnterwelten, Stadtplatz 38, 94474 Vilshofen an der Donau, Tel. (0 85 41) 20 81 12
www.vilshofen.de/index.php/sehenswertes/bierunterwelten
- ÖPNV: Bf. Vilshofen, ca. 5 Min. Fußweg

REINHEITSGEBOT // 1516 // WILHELM IV.
FÜRSTENTUM BAYERN //
HOPFEN

Genussreiche Geschichte

16 Die Villa Breitenberg

Was für ein Blick! In der Ferne die Bergkette des Böhmerwalds und die Täler des Mühlviertels, ringsherum Wälder und Wiesen. Was für eine Wohltat (nicht nur) für bildschirmstrapazierte Augen. Man kann sich kaum sattsehen an diesem Panorama im Dreiländer-Eck des Südlichen Bayerischen Waldes. Zur Ruhe kommen, auf der Terrasse frühstücken oder das Abend-Menü genießen – die Villa Breitenberg am Osthang des Höpflbergs ist der perfekte Platz dafür. Das Haus selbst ist ein imposantes, mit wildem Wein beranktes Granit-Gebäude mit einer bemerkenswerten Historie. Das Anwesen samt Kutscherhaus wurde 1907 von dem Wiener Sanitätsrat Dr. Alfred Koschminsky als repräsentative Landarzt-Villa mit Behandlungsräumen, Krankenzimmern und Apotheke erbaut. Später lebten und wirkten hier Berliner Aussteiger und ein Kunstpädagoge. Heute besteht das Hotel-Ensemble aus 14 Zimmern, zwei Apartments, Seminarräumen, einem Bewegungsraum, einer kleinen Sauna, einer Bibliothek und einem Atelier für Künstler und Handwerker.
Was es hier nicht gibt, sind Fernseher auf den Zimmern und ein Spa-Bereich. Dafür verleihen knarzende Dielen, schiefe Türen und ein wunderschöner Garten dem Haus ein unverwechselbares Flair. Das gute Essen aus der zertifizierten Bio-Küche (auf Voranmeldung) kann man, wenn man mag, an einem gemeinsamen Gästetisch genießen – je nach Wetter und Jahreszeit drinnen oder draußen. Rezepte der gehobenen französischen Landküche werden mit regionalen Gerichten kombiniert. Die jahreszeitlich wechselnden Zutaten kommen, soweit es möglich ist, aus der Gegend.
Die Gastgeber, der ehemalige Theatermeister Alexander Popitz und der gelernte Koch Guido Hettler, haben das niederbayerische Beherbergungsjuwel mit viel Liebe zum Detail behutsam renoviert. Das Ergebnis ist eine gelungene Mischung aus Alt und Neu. Die beiden Ex-Münchner lassen ihre Gäste bewusst Geschichte spüren, so sich diese darauf einlassen mögen. Eines steht fest: An diesem ganz besonderen Ort geht es um Genuss, Geruhsamkeit und gute Gefühle.

● Villa Breitenberg, Pausenweg 21, 94139 Breitenberg, Tel. (0 85 84) 9 89 45 21
www.villabreitenberg.de

● ÖPNV: ab Bf. Passau Bus 7599, Haltestelle Breitenberg, Passauer Straße

21

Pasta- und Pesto-Paradies

17 NudelneSterl in Bad Griesbach

Für die einen bedeutet Schokolade ein (oder mehrere) Stückchen Glück, andere bekommen eher durch Nudeln gute Laune. Bei „NudelneSterl“ in Karpfham bei Bad Griesbach sind Letztere an der richtigen Adresse. Hier schlägt das Herz jedes Teigwaren-Liebhabers höher. Denn hier hat er/sie die Qual der Wahl zwischen fast 100 verschiedenen Sorten – in nahezu allen erdenklichen Farben und Formen. Da gibt es gelbe, orange, rote, braune, schwarze, grüne und (dank der Spirulina-Alge) sogar intensiv-blaue Nudeln.

Bei Eva Sterl findet man ausschließlich hausgemachte Pasta, gerne auch mit ungewöhnlichen Aromen – mit Käse, Knoblauch, Kümmel oder Kürbiskernen, mit Bier oder Basilikum, mit Chili, Curry, Kurkuma oder Champignons, mit Zitronen, Zwiebeln oder Zucchini. Süße Varianten wie Spekulatius, Schoko, Lebkuchen, Honig oder Apfel machen Appetit auf neue Geschmackserfahrungen. Alles, was im Garten wächst, ist für die junge Chefin eine kulinarische Inspiration. Die Zutaten werden frisch oder getrocknet verarbeitet und kommen ohne künstliche Zusätze wie Geschmacksverstärker oder Konservierungsmittel aus – und ohne Eier. Das Grundrezept für die Sterlschen Nudeln ist schlicht: Hartweizen- oder Dinkelgrieß plus Wasser. In dem Rottaler Familienbetrieb landen außerdem nur Gemüse und Obst, Kräuter und Gewürze in der Pasta. Alle Produkte sind Handarbeit – bis hin zur Verpackung. Die Niederbayerin stellt mit ihrer Mama auch eigenes Pesto her. Und weil ihre Kreativität auch bei den konzentrierten Saucen grenzenlos zu sein scheint, wird die Liste der selbst komponierten Mischungen „aus'm Glas“ immer länger. Sie tragen Namen wie „Knobl-Peter“, „Kokorasi“, „KaroSell“ oder „Elefantenschreck“ (!). Ob Pasta oder Pesto – zu jeder Kreation gibt es eine liebevoll formulierte Beschreibung und Empfehlung. Auch gerne vor Ort die ein oder andere Kostprobe. So schmeckt die Sauce, die Dickhäutern Angst machen soll, erst erdnussig, dann scharf-würzig und passt gut zu Gemüse-Reis-Pfannen und asiatischen Gerichten.

- NudelneSterl, Schwaimer Straße 5, 94086 Bad Griesbach, Tel. (0 85 32) 92 68 92 www.nudelnesterl.de
- ÖPNV: mit dem Stadtbus von Bad Griesbach nach Karpfham

„Rupfhaubn“ & „Reishubbal“

18 Kochen und backen lernen wie bei Oma

Sabine Zellhuber ist eine ganz besondere Frau: Im „Brotberuf“ arbeitet sie als Krankenschwester auf einer Palliativstation und hat damit ihre Berufung gefunden. In ihrer Freizeit kocht und backt sie leidenschaftlich gerne. Und sie sammelt tradierte Rezepte. Sie luchst sie Wirtinnen ab, hält engen Kontakt mit den Brauchtumspflegern der Region und bekommt immer häufiger auch alte Kochbücher überlassen. In der Klinik ist ihr Alltag von Vergänglichkeit bestimmt. Vielleicht auch gerade deswegen wünscht sie sich, dass von den guten alten Dingen – vor allem auch von Geschmäckern – etwas übrigbleibt. Die Niederbayerin möchte, dass das Wissen, wie man „Hasenöhrl“, „Dampfnudln“, „Rupfhaubn“, „Reishubbal“, Krensuppe, „Auszogene“, „Millirahmstrudl“, „Hollerkiachl“ oder ein „Bierbratl“ zubereitet, nicht verlorengeht. Und so bietet sie entsprechende Kurse für kleine Gruppen an.

Bei der Ankunft erwartet die Teilnehmerinnen (meist sind es Frauen) ein liebevoll gedeckter Tisch. Zur Einstimmung auf die gemeinsamen Stunden gibt es selbst gepressten Apfelsaft, Dörrobst, Kartoffelkas und Bauernbrot zu verkosten. Was heute gekocht, gebacken und danach gemeinsam genossen wird, steht schon fest. Sabine Zellhuber hat ihre Gäste bereits bei der Anmeldung gefragt, welche Gerichte sie bei ihr lernen wollen. Nicht selten sind es Speisen, die die Großmutter früher zubereitet hat, die an die Kindheit und Jugend erinnern oder auch an eine bestimmte Person, in jedem Fall an Glück auf der Zunge. Manche interessieren sich speziell dafür, wie man Knödel zubereitet (man glaubt nicht, wie viele Arten die Rottalerin kennt!) oder wollen regionale Spezialitäten wie beispielsweise „Dafeide Erdäpfe“ ausprobieren. Nach einem kurzweiligen Koch- und Backabend im Hause Zellhuber – die Gastgeberin steht im Übrigen auch als Laienschauspielerin auf der Bühne und ist daher eine vortreffliche Unterhalterin – bleiben die Teilnehmer häufig miteinander in Kontakt und Sabine Zellhuber freut sich über Erfolgsberichte aus deren Küchen.

● Sabine Zellhuber, Ed 1, 84329 Wurmannsquick, Tel. (0 87 25) 13 02

Aus Liebe zum Holz

19 Die Drechslerei Geis in Röhrnbach

Es gibt nicht mehr viele, die seinen Beruf professionell ausüben. Mathias Geis ist einer der wenigen Holzdrechsler in Niederbayern. Seit 1978 arbeitet der Meister in seiner eigenen Werkstatt in Irlesberg – und das an vielen Wochenenden. Denn handgedrechselte Holzschüsseln, -schalen, Kerzenleuchter, Brotzeitbrettl oder Brottöpfe sind derzeit wieder schwer angesagt. Alle Produkte sind Unikate. Jede Schüssel und Schale hat eine individuelle Maserung. Geis verkauft sie unter anderem über den spezialisierten Einzelhandel, auf dem Karpfhamer Volksfest oder dem Passauer Christkindlmarkt. Das Geschäft stemmt er mit seiner Frau ganz alleine.

Das Geis'sche Privathaus und Grundstück ist zugleich Holzlagerstätte, Werkstatt, Wohnstätte und Laden. Nicht viele Touristen oder Einheimische finden den Weg zu diesem ganz besonderen Ort. Leider, denn hier kann man den Gang vom Holzstück zu einem handgefertigten Gebrauchsgegenstand direkt nachvollziehen, die unterschiedlichen Holzarten wie Nussbaum, Kirsche, Esche oder Ulme anfassen und vor allem auch riechen. Apropos riechen: Wegen des guten Geruchs ist das Holz der Zirbe aktuell besonders beliebt und dementsprechend rar. Dieser Holzart wird eine antibakterielle Wirkung zugeschrieben und die enthaltenen ätherischen Öle sollen Insekten abschrecken. Damit eignen sich Zirben-Behältnisse ideal für die Aufbewahrung von Lebensmitteln wie Obst oder Brot.

Die Gefäße werden bei Geis zum Teil „aus grünem Holz“ vorgedreht. Sie haben dann ein Jahr Zeit zu trocknen, bevor sie den letzten Schliff bekommen. Dieses Verfahren hat mehrere Vorteile; der wichtigste: Das weiche, frische Holz reißt nicht so leicht. Für den Handwerksmeister ist Qualität seit fast sechs Jahrzehnten die Leitlinie seiner Arbeit. Im Laden sieht man die ganze Palette seiner Handwerkskunst: viele unterschiedliche Schüsseln, Schalen mit integriertem Nussknacker, Teelichtbehälter, Brotzeitteller, Eierbecher; dazu noch viele andere Produkte aus Holz wie etwa Krippenfiguren.

● Holzdrechslerei Mathias Geis, Irlesberg 10, 94133 Röhrnbach, Tel. (0 85 82) 13 51
www.holzdrechslerei-geis.de

Haus über dem Fluss

20

Die Rottbrücke zwischen Neuhaus und Mittich

Faszinierende alte Brücken wie diese gibt es kaum noch in Deutschland. Nur noch zwei sollen es zumindest im Süden sein. Und so bietet die Überquerung des Flüsschens Rott zwischen Neuhaus am Inn und Mittich ein ganz besonderes Erlebnis. Die Passage mit Blick auf die beschauliche ursprüngliche Natur- und Auenlandschaft ist eine beglückende Erfahrung an einem Ort, der irgendwie aus der Zeit gefallen zu sein scheint. Von Weitem entsteht fast der Eindruck, dass die Straße hier gleich endet, denn die altehrwürdige überdachte Brücke sieht aus wie ein Holzhaus, dessen Eingangstor ganz weit offensteht. Das etwa 60 Meter lange Bauwerk mit einem Satteldach und Trägern des Typs „Howe“ markiert den Übergang vom Holzbrückenbau hin zu reinen Eisenkonstruktionen. Die alte Rottbrücke in Niederbayern und die König-Ludwig-Brücke in Kempten im Allgäu sind die beiden Letzten ihrer Art in Bayern und stellen beeindruckende Wahrzeichen des Ingenieurholzbaus des 19. Jahrhunderts dar.

Die einzigartige Gitterbrücken-Konstruktion bei Weihmörting entstand in den Jahren 1852/53. Allerdings ist sie inzwischen so altersschwach, dass die Höchstlast stufenweise auf 3,5 Tonnen begrenzt und die zweispurige Befahrbarkeit aufgegeben werden musste. Auf der denkmalgeschützten Brücke galt eigentlich die Schrittgeschwindigkeit von zehn Stundenkilometern. Weil sich die Autofahrer aber nicht an die Beschränkungen hielten und mit bis zu 90 Stundenkilometern über das alte Bauwerk bretterten, musste die Brücke wegen statischer Bedenken für den motorisierten Verkehr gesperrt werden. Zumal auch immer wieder schwere Zugmaschinen den Rott-Übergang passierten. Der ist inzwischen nur noch den Fußgängern und Radfahrern vorbehalten. Weil das Bauwerk nicht vor Ort saniert werden kann, soll es nach der Instandsetzung in einer Feldwerkstatt auf neu zu errichtenden Unterbauten etwas weiter in Richtung Inn wieder aufgebaut werden – als eine reine Radweg-Brücke. Die endgültige Versetzung ist dann für das Jahr 2025 geplant.

TIPP

In der Forellenstube Reding in Neuhaus kann man regionale Fischspezialitäten genießen.

● Rottbrücke, 94152 Neuhaus am Inn

3,7m
Bitte
Schrittgeschwindigkeit
Fußgänger
andere Straßen-
seite benutzen

Eine Bühne für die Natur

21 Das Hotel Euler in Neuschönau

Wer das Haus betritt, spürt die Vision, die die Bauherren und den Architekten Albert Köberl geleitet hat: Pur, reduziert sollte es sein mit vielen Naturmaterialien aus der Region wie mit heimischem Tannen- und Fichtenholz, Granit und Glas aus dem Bayerischen Wald. Die außergewöhnliche Architektur sollte die Landschaft widerspiegeln und Innen mit Außen verschmelzen. Denn bei aller Liebe zur Kunst des Bauens war klar: Die Hauptdarstellerin sollte die Natur sein. Ihr sollte die große Bühne gehören. Zum Teil hat man sie hereingeholt – etwa als Baumstamm-Tisch im Eingangsbereich, als dezente Heutapete mit Kornblumen oder Rosen.

Daniela Mautner ist im Landgasthof Euler aufgewachsen und hat diesen mit ihrer Familie übernommen. Weil die Nachfrage nach Pensionszimmern größer war als das Angebot, entschloss sie sich zu bauen – nur wenige Meter entfernt. Sie wollte etwas Besonderes schaffen; kein weiteres Wellnesshotel, sondern ein „Naturhotel" – eine Heimat auf Zeit für Menschen, die den Bayerwald lieben und gerne Platz haben. Das Ergebnis ist gelungen. Mit seinen 21 Suiten und den sechs Holzhäuschen („Woidhaisl") ist das Hotel zu einem echten Glücksort geworden. Die Gäste können auf der Fensterbank oder auf der Loggia sitzen – in den Woidhaisln sogar im Whirlpool auf der Terrasse – und den Blick in die Ferne schweifen lassen. Da glitzert der Landschaftsweiher in der Sonne, davor nichts als Wiese.

TIPP

Hier kann man sein E-Auto laden und E-Bikes leihen.

Es ist der perfekte Ort für Neues und dafür, den Naturgedanken konsequent zu denken. „Naturhotel" bedeutet auch begrünte Dächer, Toilettenspülungen mit Regenwasser oder eine Hackschnitzelheizung, gesundes Essen am liebsten aus der Region. Möglichst zwanglos soll man seine freie Zeit verbringen können – ohne feste Essenstermine. Fix ist nur die Zeitspanne für das Frühstücksbuffet. Die Mahlzeiten nimmt man, wann immer man mag, im Gasthof Euler ein. Dort gibt es ganztags warme Küche. Ein bisschen stationäre Wellness gibt es aber doch: einen „Woid-Spa" mit Pool und verschiedenen Saunen.

● Naturhotel Euler, Schönangerstraße 6 b, 94556 Neuschönau,
Tel. (0 85 58) 97 42 00, www.euler-neuschoenau.de

Die Wunderquelle

22 Frauenbründl: Kirche, Klause und Kerzenkapelle

Schon in den 1920er-Jahren schwärmte der Vorstand des Historischen Vereins Abbach Maximilian Hengge: „Die Einsiedelei (...) wird vielfach von den Sommergästen besucht. Gehört doch der Weg zum ‚Marienbrünnl` oder zum ‚Frauenbrünnl`, das am Saume eines herrlichen Tannenwaldes liegt, (...) zu einem der schönsten der Umgebung." Heute sind Wallfahrtskirche und Einsiedelei immer noch ein gern besuchter Ort. Es kommen Gläubige, um in der Kerzenkapelle ein Licht anzuzünden, in der Kirche vor dem Gnadenbild der Muttergottes zu beten und ihre Anliegen in ein Buch zu schreiben. Andere füllen sich mitgebrachte Kanister und Flaschen mit Wasser aus der Quelle. Das Wasser soll vor allem bei Augenleiden helfen und besonders „weich" sein, erzählt eine Frau.

TIPP

Am dritten Sonntag im September findet das Bründlfest statt.

In Frauenbründl lebt Johannes Schuster als Eremit. Wer glaubt, dass sich Einsiedler von der Welt abschotten, wird eines Besseren belehrt. Schuster, der die Vereinigung der Eremiten leitet, verweist auf die Anfänge der Bewegung in der ägyptischen Wüste. „Schon die frühen Eremiten waren für andere da." Der Priester sieht sich dieser Tradition verpflichtet. „Ich möchte für die Menschen und ihre Nöte ansprechbar sein", sagt er. Und so rufen Beladene an, vereinbaren ein Gespräch oder kommen, wenn er rund um das Anwesen werkelt, auf ihn zu. Schuster trägt keine Kutte und keinen langen Bart, sondern „Zivil". In seinem abgeschotteten Bereich findet er die Ruhe zur Kontemplation.

Der erste Eremit kam 1700 an diesen Ort. Die Terrakotta-Muttergottes in der Kirche brachte er als Andenken an eine Wallfahrt nach Rom mit. 1702 genehmigte das kurfürstliche Gericht Kelheim den Bau einer Klause. 1726 wurde die barocke kleine Kirche errichtet. Die Kerzenkapelle gibt es seit 1987. Für viele Menschen ist das „Bründl" ein Ort der Stille, Besinnung und Einkehr. Wie sehr sie den Platz und das empathische Engagement des Eremiten für dieses kirchliche Kulturgut schätzen, zeigen sie auch monetär. So findet Schuster immer wieder mal ein Kuvert im Briefkasten.

● Wallfahrtskirche und Einsiedelei Frauenbründl, 93077 Bad Abbach, Tel. (0 94 05) 22 73

Wo der Wildbach rauscht

23 Eine Wanderung durch die Saußbachklamm

Südlich von Waldkirchen liegt eines der schönsten Naturschutzgebiete des Bayerischen Waldes: die wildromantische Saußbachklamm. Am besten parkt man auf dem kostenlosen Parkplatz in der Nähe des Waldkindergartens und folgt der Beschilderung zur Klamm mit ihren riesigen bemoosten uralten Granitblöcken und Steinen. Aushöhlungen im Gestein, sogenannte Strudellöcher oder Kugelmühlen, zeigen, mit welcher Kraft das Wasser bisweilen dahinrauscht. Ein Kanal, der „Graben", leitet ab dem Wehr einen Teil des Wassers hinunter zur Saußmühle ab. Der Weg, der immer ganz nah am Bach verläuft, ist teilweise sehr schmal, steinig und von kräftigen Baumwurzeln durchzogen. Für Kinderwagen ist die Tour daher ungeeignet. Die Wanderung unterbricht man gerne immer wieder, um dem Plätschern oder Rauschen des Wassers zu lauschen und das grandiose Naturschauspiel zu bewundern, in dem der üppige Pflanzenbewuchs als Waldwunderland-Kulisse fungiert. Wie viele verschiedene Grüntöne es doch gibt! Vögel zwitschern und wer die Augen offenhält, der kann sogar Wasseramseln mit ihrer typischen weißen Brust tauchen sehen. Sie ernähren sich überwiegend von Wasserinsekten.

Rastplätze gibt es etliche. So steht auf einem großen runden Stein ein windschiefes Bankerl mit einem Tisch zum Ausruhen. An den Wochenenden und an Feiertagen während der Sommersaison (in der Regel von Mai bis Anfang Oktober) empfiehlt sich eine Einkehr in der Haller-Alm mitten im Wald. Sie ist über eine Brücke zu erreichen und wartet wie ein dunkles Holz-Hexenhäuschen mit roten Fensterläden und Wildgeweihen auf Dürstende und Hungernde. Hier am „Promilleweg" gibt es in einem Mini-Biergarten Getränke und Brotzeiten. Wenn man Glück hat, stehen selbst geräucherte Forellen aus dem Saußbach auf der Tafel. 20 Meter entfernt stößt man auf ein Toilettenhaus aus dunklem Holz, das aussieht wie die kleinste Schwester der Alm. Auch Kinder haben in der Klamm viel Spaß. Das Gebiet ist ein einziger großer Abenteuerspielplatz zum Erkunden und Austoben.

● Haller-Alm, Am Graben 42, 94065 Waldkirchen, Tel. (0 85 81) 87 53
www.urlaub-in-waldkirchen.de/saussbachklamm

Überfahrt auf Abruf

24

Die Donaufähre in Sandbach

Von einem Flussufer zum anderen gelangt man normalerweise über eine Brücke – manchmal ist aber über eine größere Entfernung schlichtweg keine da. Zwischen Vilshofen und Passau bietet eine Fähre die einzige Möglichkeit, die Donau zu überqueren. Ansonsten muss man 16 Kilometer zur großen Donaubrücke in Vilshofen fahren.

Renate und Walter Rieger setzen in Sandbach schon in vierter Generation eine Familientradition fort. Wer ihre Dienste in Anspruch nehmen möchte, läutet während der Fährzeiten einfach eine Glocke. Bei schönem Wetter werkelt Fähr-Frau Renate Rieger aber ohnehin meistens im Garten und hat das Flussufer im Blick, um Fahrgäste nicht warten zu lassen. Rund fünf Minuten dauert die Überfahrt auf dem Fährkahn, der von Spaziergängern, Wanderern, Radfahrern, Autofahrern, aber durchaus auch einmal von einem Landwirt samt Traktor sehr gerne genutzt wird – und das nicht nur, weil sie sich so einen Umweg ersparen. Auch die beschauliche Überfahrt selbst ist ein besonderes Erlebnis. Fußgänger und Radfahrer bezahlen übrigens dieselbe Fährgebühr. Für ein Pferd samt Reiter ist es etwas teurer. Gerade die Radler freuen sich über diese traditionsreiche Art der Flussüberquerung, schließlich führt auf beiden Seiten der Donauradweg direkt am Ufer entlang.

TIPP

Per Rad von Vilshofen nach Hausbach zur ältesten Rundkirche in Niederbayern.

Bei der Sandbacher Fähre handelt es sich um eine „Gierseilfähre" (von Niederdeutsch gieren: sich wenden). In ganz Niederbayern gibt es nur noch dieses eine Exemplar. Sie funktioniert mithilfe eines Seils und durch den Strömungsdruck des Flusses. Der Außenbordmotor hilft lediglich dabei, die Fähre in die richtige Stellung zur Strömung zu manövrieren und kommt auch bei Niedrigwasser zum Einsatz.

Erstmals urkundlich erwähnt wurde eine Fähre an dieser Stelle bereits im Jahr 1379. Damals verpfändete Graf Heinrich von Ortenburg das Fährrecht an die Herzöge von Bayern. Seit 1914 betreibt die Familie Rieger die Fähre. Leben kann man davon nicht mehr. Daher geht der Chef auch einem Brotberuf nach. Die Fähre ist für ihn aber Verpflichtung und Passion.

● Donaufähre Sandbach, Förgengaßl 1, 94474 Vilshofen/Sandbach,
Tel. (0 85 48) 14 32, www.donaufaehre-sandbach.de

Glück auf Brettern

25 Der Switch Boardershop in Straubing

Anfangs ist es eine reichlich wackelige Angelegenheit. Aber irgendwann klappt es doch: auf dem SUP-Board knien und paddeln, dann immer mehr Sicherheit gewinnen und vorsichtig in den Stand kommen. Geht doch! Aber wissen Sie eigentlich, wofür die Abkürzung SUP steht? Oder praktizieren Sie SUP vielleicht sogar schon? SUP, Stand-up-Paddling oder Stehpaddeln, ist seit einiger Zeit schwer angesagt. Der Switch Boardershop in der Straubinger Innenstadt verkauft außer coolen Sneakers, Brillen, Streetwear und Caps nicht nur alles, was man dafür braucht, sondern vermittelt auch Expertise und den dazugehörigen Lifestyle. Der Betreiber Stefan Zeibig ist auf dem Board zu Hause und hat sein Hobby zum Beruf gemacht. Ob auf dem Wasser, im Schnee oder auf einem rollenden Brett – seine Leidenschaft lebt er als Spezialist für Board-Sportarten aus. Und er wünscht sich, möglichst viele dafür zu begeistern. Mit coolen Events, Workshops, Teambuilding und immer neuen Ideen wollen er und sein Team ein breites Publikum an diese Sportarten heranführen. Das SUP etwa hat für ihn viele Facetten: „Es ist weit mehr als nur ein Badespaß für Jung und Alt, es fördert eine gute Körperspannung und trainiert den Gleichgewichtssinn.“

Wer mag, erlebt auf einem SUP-Board aber auch meditative Glücksmomente auf dem Wasser, indem er sich einfach drauflegt oder -setzt, sich treiben lässt und in den Himmel schaut. Mit dem Board kann man also nicht nur fitter werden, sondern auch gelassener und ruhiger: sich einfach nur auf das Paddeln konzentrieren! Erhöht man die Paddelfrequenz, steigt der Trainingseffekt. Das Team des Switch Boardershops bietet sogar Yoga auf dem SUP an. SUP-Kurse und Workshops finden in der Regel auf dem Wolf-Weiher Nr. 14 (Spitzname „Scheißhaislweiher“) in Parkstetten statt – alternativ am Attinger Weiher. Im Kurs lernt man, wie man das SUP-Board ins Wasser trägt, am besten aufsteigt, mit welchen Techniken man paddelt, das Brett stoppt. Doch Technik hin oder her – am Ende geht es um ganz viel Spaß.

- Switch Boardershop, Am Platzl 13, 94315 Straubing, Tel. (0 94 21) 18 61 19 www.switch-boardershop.de
- ÖPNV: Bf. Straubing, ca. 10 Min. Fußweg

Klerikales Schatzkästchen

26

Die Asambasilika in Osterhofen-Altenmarkt

Es gibt Orte, die sind so schön, dass einem vor Staunen fast die Luft wegbleibt. Die Asambasilika in Osterhofen-Altenmarkt ist solch ein glücklich machender Platz. Sie gehört zu den beeindruckendsten spätbarocken Kirchen in Bayern. Drei große Meister ihrer Zeit haben hier ihr Können gezeigt: der Baumeister Johann Michael Fischer sowie das Brüderpaar Cosmas Damian (der Maler) und Egid Quirin Asam (der Bildhauer). Die Asam-Brüder sorgten für die Opulenz: die herausragenden Fresken, Malereien und die Stukkaturen. Nicht wenige halten das Gotteshaus mit neun Altären für die schönste aller Asam-Kirchen. Es ist ein klerikales Schatzkästchen. Der Hochaltar mit dem sieben Meter hohen und vier Meter breiten Gemälde dominiert den Kirchenraum. Das Vorbild war der Papstaltar in der Peterskirche in Rom. Ein Meisterwerk ist auch die in Weiß und Gold gefasste Kanzel. Faszinierend, wie bereits im 18. Jahrhundert mit Licht und Farbe gespielt wurde! Im Bereich des Chorgestühls ist das Tageslicht gedämpft, vor dem Hochaltar wird es durch die großen Fenster heller. Ein nettes Detail sind die kleinen Engelsfiguren „Hänsel und Gretel“, die einzigen Putten, die farbig gefasst sind. Wer sich Zeit nimmt und genau hinschaut, entdeckt überall künstlerische Besonderheiten wie unter der Empore Spielkarten auf einer biblischen Szene von der Austreibung der Händler aus dem Tempel in Jerusalem. Oder: „Norberts Brille“ in einem weiteren Bild von Cosmas Damian Asam. Da schaut doch glatt einer bei „Norberts Prozession mit der Heiligen Eucharistie“ zu, der eine Brille trägt. Zu Lebzeiten des Heiligen Norbert um 1100 gab es aber noch keine optischen Hilfsmittel, in der Zeit Asams erste Vorläufer.

Die Abtei des früheren Prämonstratenser-Chorherrenstifts wurde 1740 geweiht und 1983 von Papst Johannes Paul II. zur päpstlichen Basilika erhoben. Bei einem Großbrand 1701 war die frühere gotische Kirche zerstört worden. Die Basilika gehört zur Pfarrgemeinde St. Margaretha, das Klostergebäude ist in Privatbesitz.

TIPP

In der „Frauenkapelle am Hof“ kann man Opferkerzen anzünden.

● Asambasilika Altenmarkt, Hauptstraße 59, 94486 Osterhofen, Tel. (0 99 32) 6 59
www.asambasilika.de
ÖPNV: Bf. Osterhofen, ca. 10 Min. Fußweg

Zurück zum Urgeschmack

27 Der Voglhof in Dietersburg

Auf dieser Bank im Rottal soll, wer mag, einfach nur sitzen und die Ruhe genießen können: die Bäume, das Grün, die Natur, die Blumen und Gewächse, den blauen Himmel und die weißen Wolken. So lange, wie er oder sie möchte. Zum Voglhof, der idyllisch auf einem Hügel liegt, kommen die Leute aber vorrangig, um Selbstgemachtes „mit Urgeschmack" zu erwerben: Sauerkonserven aus Kraut, Tomaten, Zucchini, Karotten, Rote Bete, Zwiebeln, Sellerie oder Gurken und fruchtige Aufstriche aus den Erträgen des 6000 Quadratmeter großen Gartens, in dem Obstbäume und -sträucher dominieren: Kirschen, Äpfel, Birnen, Pfirsiche, Zwetschgen, Mispeln, Aroniabeeren, Quitten, Johannisbeeren, Nashi oder „Kriacherl", wie man in Niederbayern sagt. Bei Letzteren handelt es sich um eine kleine, äußerst aromatische Pflaumenart. Jedes Glas vom Voglhof ist ein handgemachtes Unikat – bis hin zum Etikett. Karin Neumaier hat auf den Hof ihrer Schwiegereltern geheiratet und ihre Liebe zum „Einmachen" entdeckt. Inzwischen lässt sie sich von allem, was hier wächst, blüht und gedeiht, zu immer neuen Rezepturen inspirieren. Besonders viel Freude bereitet es ihr, „vergessene" Pflanzen wie beispielsweise das Springkraut oder Fichtennadeln aus dem nahegelegenen eigenen Wald zu verarbeiten. Auch Lavendel, Veilchen oder Löwenzahn bekommen bei ihr eine tragende Rolle. Ihr Credo lautet: „Wir brauchen doch kein Superfood wie Chiasamen oder Gojibeeren, unser Superfood wächst vor der Haustüre und ist mindestens genauso gut." Was aber bedeutet Urgeschmack? In ihre Aufstriche kommt nur maximal ein Drittel Zucker und sonst Frucht pur. Auch bei den Sauerkonserven spart sie an Zucker, nicht aber an Gewürzen. Zur „Mikro-Landwirtschaft", die sie mit ihrem Mann Tobias im Nebenerwerb betreibt, gehören auch Tiere. Die Stars sind europäische Wasserbüffel. Das Paar hat diese Tiere irgendwann einmal in einem Fernsehbericht gesehen und sich verliebt. Warum? Weil sie so pflegeleicht sind und Ruhe ausstrahlen. Damit passen sie perfekt zu diesem Ort.

● Der Voglhof, Gschaid 5, 84378 Dietersburg, Tel. (0 85 65) 96 44 27
www.der-voglhof.de

Heimat
Geschmack

100 Stufen zum Traumblick

28 Der Aussichtsturm „Stoabruch" Büchlberg

Der Granit gilt als das „steinerne Herz des Bayerischen Waldes". Vor allem rund um die Gemeinden Hauzenberg und Büchlberg hat er die Landschaften geformt, Menschen geprägt und Geschichte geschrieben. Den Krater, den der Abbau in die Landschaft gegraben hat, sieht man in Büchlberg am schönsten vom neuen Aussichtsturm „Stoabruch". Im Vorwald ist sie schon von Weitem zu sehen: die stählerne Konstruktion hoch über der ehemaligen Granitgemeinde. Doch wie man den Turm erreicht, ist gar nicht so leicht herauszufinden. Das funktioniert nämlich nur zu Fuß. Wer mit dem Auto kommt, parkt am besten gegenüber dem Rathaus, das an sich schon eine Attraktion darstellt. Das Gebäude wurde Anfang des 19. Jahrhunderts als herrschaftliches Wohnhaus für die Familie Kerber, die Inhaber des hiesigen Granitsteinbruchs, erbaut. Die Glanzzeit des Kerber-Imperiums waren die Jahre vor dem Ersten Weltkrieg. Damals wurden Denkmäler aus Granit sogar bis nach Südamerika geliefert. In Büchlberg wurden 1906 die ersten Kleinpflastersteine Europas für das sogenannte Kopfsteinpflaster hergestellt. Bis zu 250 Steinhauer, Steinmetze, Hilfsarbeiter und Lehrlinge waren im Steinbruch beschäftigt.

Hinter dem Rathaus führt der Weg durch einen weitläufigen Garten und dann über Treppen durch den Wald nach oben. Auf 540 Meter – am höchsten Punkt der Gemeinde – angelangt, geht es über 100 Stufen noch einmal fast 30 Meter hinauf. Auf der Plattform wird man, weil der Turm alle Bäume überragt, mit einem atemberaubenden 360-Grad-Rundblick belohnt: Man sieht in den Bayerischen Wald bis zu den Bergen Dreisessel, Lusen und Rachel und bei schönem Wetter auf der anderen Seite, im Süden, bis in die Alpen. Quasi zu Füßen des Turms, im Naturschutzgebiet Bergholz, liegt der ehemalige Steinbruch mit seinem idyllischen tiefblau-grünen See. Seit 1972 wird hier kein Granit mehr abgebaut. Nach der Stilllegung des Steinbruchs füllte sich der Grund mit Quellwasser. Entstanden ist ein Naturparadies, das man auch von einem Bankerl am Uferrand aus genießen kann.

TIPP

Im Schauzentrum „Erlebnis Granit" lässt sich die steinige Geschichte der Gemeinde entdecken.

● Parkplatz am Rathaus, Hauptstraße 5, 94124 Büchlberg

Auszeit zwischen Bäumen

29 Ein geführtes Waldbad im Landshuter Forst

Im Wald ist sie in ihrem Element. Silke Pech liebt die Natur – schon immer. Wenn die Erzieherin und Waldpädagogin nicht mit den Kleinen im Waldkindergarten unterwegs ist, geht sie mit den Großen „waldbaden". Das Waldbad ist ein neuer Trend. Warum man dafür eine professionelle Begleitung braucht? Weil viele Menschen verlernt haben, einfach nur im Wald zu sein. Sie walken, joggen, biken oder plaudern miteinander. Das bedeutet, sie sind nicht wirklich präsent. Dabei könnten sie den Wald viel intensiver als Kraftquelle nutzen, ganz bewusst tief atmen, wahrnehmen, was sie riechen, hören, fühlen und vielleicht sogar schmecken. Und so manche Frau ist auch nicht so gerne alleine im Wald unterwegs. Die Kursleiterin geht mit Einzelpersonen, Gruppen, Teams oder auch Familien waldbaden. Das Waldbad hat seinen Ursprung in Japan. Die Naturtherapie „Shinrin Yoku" bedeutet weit mehr als Wandern oder Spazierengehen und hat sich in Asien bereits als Teil der Gesundheitsvorsorge etabliert.

Man schweigt, schlendert, lässt los. Es ist so angenehm, nicht auf die Uhr schauen und sich nicht um die Orientierung kümmern zu müssen. Silke Pech macht mit den Teilnehmern kleine Wahrnehmungsübungen, plant bei einem drei- bis vierstündigen Waldtrip aber auch Zeiten der Stille ein. In ihrem Rucksack hat sie Becher, Sitzkissen und Decken dabei. Während der „Solo-Zeit" sitzen manche, andere liegen: Tannenzapfen fallen zu Boden, Vögel zwitschern, Sonnenstrahlen kitzeln die Nase, nur das Hier und Jetzt zählt. Das „Programm" passt die Kursleiterin an die Bedürfnisse der Teilnehmer an: Manchmal gibt es eine Teezeremonie, manchmal eine geführte Meditation. Je nach der Klientel steuert die Niederbayerin zwei verschiedene Wälder im Landkreis Landshut an. Vom Treffpunkt sind es fünf Minuten in den Wald. Mit einem kleinen Ritual werden mit dem Eintritt in die Welt der Bäume Sorgen und Nöte an die imaginäre Waldgarderobe gehängt und beim „Austritt" im besten Fall nicht wieder mitgenommen – oder gelassener betrachtet.

● Silke Pech, Hartbeckerforst 7, 84172 Buch am Erlbach, Tel. (01 79) 9 75 20 73
www.waldbaden-niederbayern.de

Wellness mit Tiefgang

30 Das Kurhaus Schärding der Barmherzigen Brüder

Vom niederbayerischen Neuhaus am Inn ist es nach Oberösterreich nur ein Katzensprung. Zu diesem Glücksort in der Barockstadt Schärding fährt man am besten über die alte Innbrücke. Von dort aus sind es nur wenige hundert Meter bis zum Kurhaus. Auf einem Granitfelsen über dem Inn hatten Kapuzinermönche bereits im 17. Jahrhundert ein Kloster gegründet. Nach einer wechselvollen Nutzung des Gebäudes rief ein Schüler von Pfarrer Sebastian Kneipp Ende des 19. Jahrhunderts eine „Kaltwasseranstalt“ ins Leben. Auf Wunsch von Kneipp wurde das Kurhaus vom Orden der Barmherzigen Brüder weitergeführt.

Heute firmiert es noch immer unter der Obhut des Ordens als renommiertes Zentrum für ganzheitliche Naturheilkunde. Die Gäste kommen „ambulant“ oder bleiben länger – für ein oder zwei Wochen zur privaten Kur. Kneipp'sche Wasser-Anwendungen wie Güsse oder Bäder und die Gesundheitsphilosophie des berühmten Geistlichen stellen immer noch eine der drei therapeutischen Säulen dar. Die beiden anderen sind die Traditionelle Chinesische Medizin und das indische Ayurveda. Weil sowohl das Team rund um den Ayurveda-Meister als auch die Massageöle aus Kerala kommen, sind die Anwendungen so authentisch wie im Mutterland der jahrtausendealten Gesundheitslehre. Und das Beste: Der Weg dahin ist nicht weit.

TIPP

In der Kurhauskirche finden Konzerte statt.

Wer sich eine Auszeit nimmt, findet eine schier unerschöpfliche Palette an Bewegungs-, Entspannungs- und Behandlungsmöglichkeiten. Das Angebot reicht von den unterschiedlichsten Arten von Massage über Meditation, Yoga, Ernährungsberatung, Handpackungen, Ölauflagen und Wickeln bis hin zu Infusionen und Akupunktur. Die Kuren mit der jeweils passenden Ernährung heißen Pancha Karma, Rasayana, Basenfasten, Gesunde Venen, Gesunde Gelenke, Meine Kraftquelle oder Typgerechtes Abnehmen. Bei der Auswahl sind die beiden erfahrenen Ärztinnen behilflich. Im wunderschönen idyllischen Privatpark kann man nicht nur spazierengehen, sondern sogar hochfliegen – vielleicht zu neuen Perspektiven auf einer Schaukel zwischen alten Bäumen.

● Kurhaus der Barmherzigen Brüder, Kurhausstraße 6, A-4780 Schärding, Tel. +43 (77 12) 32 21, www. kurhaus-schaerding.at

Auf Gin-Safari

31

Die Engel Naturbrennerei in Schönau

Mit Omas Holunderlikör fing es an. Ein gebürtiger Österreicher probierte das Rezept seiner Großmutter aus und entwickelte es weiter. Und er begann von einer eigenen Schnapsbrennerei zu träumen. In Niederbayern fand Engel ein Stück Himmel auf Erden. Er ließ sich zum Edelbrand-Sommelier ausbilden und gründete in Schönau im Landkreis Rottal-Inn eine „Naturbrennerei". Diese verwendet für ihre Edelbrände, Geiste, Liköre, Gins und Aperitifs ausschließlich natürliche Zutaten – nach dem Motto „Nur aus besten Rohstoffen kann bester Schnaps werden". Denn das Brenn-Ergebnis steht und fällt mit der Qualität der Früchte. Die wichtigsten Komponenten, das Aroma und der Zuckergehalt, werden durch den Boden und das Klima bestimmt.

Bei einer geführten Edelbrand- und Likörverkostung oder Gin-Safari kann man vor Ort erleben, „wie vergeistigte Natur schmeckt". Bei der Gin-Safari wirken die Gäste an der Herstellung eines individuellen „Rottal Inn Dry Gin" mit, von dem jeweils nur etwa 30 Flaschen abgefüllt werden. Die Tour beginnt, so das Wetter mitspielt, mit einem Rundgang durch den Kräutergarten. Nach diversen Verkostungen und dem Ansetzen der Gin-Maische wird der Brennkessel befüllt und der Gin gebrannt. Die Teilnehmer entwerfen die Etiketten für ihre Flaschen und lernen nach einem erfrischenden Gin-Aperitif, welche Cocktails man mit Gin mixen kann.

Engel verarbeitet am liebsten Früchte von Streuobstwiesen und alte Apfel- und Birnensorten. Das Obst und Gemüse stammt vorwiegend aus der Region. Neben regionalen Früchten wie Rottaler Kriacherl (Wildpflaumen) oder Schönauer Schlehen bezieht er Zirbenzapfen aus der Osttiroler Heimat, Rosmarin aus der Toskana, Rote Bete aus dem Innviertel oder Moro-Blutorangen aus Sizilien. Von der Ernte bis zum selbst gestalteten Etikett geschieht alles von Hand. Dem natürlichen Reifeprozess lässt der Wahl-Niederbayer viel Zeit. Mit Erfolg: Beim Craft-Spirits-Award-Festival in Berlin wurde seine Brennerei 2021 als eine der besten Handwerksdestillerien der Welt ausgezeichnet.

- Engel Naturbrennerei, Baron-Riederer-Straße 47, 84337 Schönau, Tel. (0 87 26) 9 67 88 98, www.naturbrennerei.de

Regionale Rarität

32

Die Handweberei F. X. Moser in Wegscheid

Dieser Ort strahlt etwas Ruhig-Konzentriertes und zugleich Munter-Fröhliches aus. Im ersten Stock der Handweberei F. X. Moser rattern Webstühle sonor vor sich hin. Wer hier arbeitet, weiß genau, was in jedem Moment zu tun ist. In der Welt der schier unzähligen parallelen oder sich überkreuzenden Fäden ist jeder Tritt auf das Pedal und jeder Handgriff Teil einer beinahe orchestralen Harmonie. Es ist faszinierend, dabei zuzusehen, wie durch das präzise Bewegen der Weberschiffchen aus den vertikal eingespannten Schnüren und den Querfäden langsam ein Stück Stoff heranwächst. Zentimeter um Zentimeter entstehen einzigartige Muster und Designs. Für einen Meter müssen die Schiffchen etwa 1500 Mal hin und her bewegt werden. In Wegscheid werden heute noch Tischwäsche, Handtücher, Vorhänge, Schafwollteppiche, Kissenbezüge, Möbelstoffe und andere Textilien manuell hergestellt.

TIPP

Das Webereimuseum Breitenberg gibt Einblicke in Leben und Arbeit der Weber.

Im unteren Bayerischen Wald hat das Weber-Handwerk eine lange Tradition. Doch inzwischen ist der Betrieb der Familie Moser in der Region zu einer Rarität geworden. Das Unternehmen wurde nach dem Zweiten Weltkrieg von Franz Xaver Moser gegründet, der der Weberei auch seinen Namen gab. Die Leidenschaft dafür hat er an seine Söhne F. X. junior und Johannes „vererbt" und Johannes Moser konnte auch seine Ehefrau Waltraud mit der Liebe zu handgewebten Produkten infizieren.

Viele Muster stammen aus alten Webbüchern und sind seit mehr als 60 Jahren eine Spezialität der niederbayerischen Weberei. Die Kunden – meist Privatleute – kommen als Touristen von weiter her, stammen aber oft auch aus der Region. Langlebige Qualitätsprodukte aus Naturstoffen ohne chemische Ausrüstung sind auch bei Jüngeren, die eine gepflegte Tischkultur schätzen, wieder gefragt. Die teils alten Muster sind zeitlos und gut mit einem modernen Ambiente kompatibel.

Die Produkte kann man schon fertig im Laden oder auch per telefonischer beziehungsweise E-Mail-Bestellung erwerben und nach den persönlichen Vorstellungen und Maßen anfertigen lassen.

● Handweberei F.X. Moser, Säumerweg 2, 94110 Wegscheid, Tel. (0 85 92) 6 95
www.handweberei-moser.de

Baldrian, Bier und Banane

33

Essig-Hans in Birnbach: Experte für Saures

Wer es (süß-)sauer mag, ist hier an der richtigen Adresse. Mitten in Bad Birnbach betreibt Johann Müller alias „Essig-Hans“ seinen urigen Laden. Von der Decke baumeln Krüge, Eimer, Musikinstrumente, Siebe, Kochlöffel, Backformen und noch vieles mehr. In den Regalen reihen sich große und kleine Flaschen mit Essigzubereitungen auf, die Essigliebhaber und (Hobby-)Köche glücklich machen. Mindestens 80 bis 90 eigene Varianten hat er im Sortiment. Obstessige mit Birnen, Rhabarber, Bananen, Holunderblüten, Schwarzen Johannisbeeren, Sanddorn, Zwetschgen oder Quitten, exotische Varianten wie Ananas mit Kokosnuss oder Orangenessig mit Champagner, Balsame in Geschmacksrichtungen wie Dattel oder Schlehe bis hin zu Schokolade und Passionsfrucht. Man weiß gar nicht, welche Flasche man zuerst auf den Tresen stellen und mitnehmen möchte. Ach, dann gibt es ja auch noch Wurstsalatessig, Gummibärenessig (!), ein Liebeselixier und all die weniger fruchtigen Sorten wie Kräuter-, Bärlauch- und Violette-Kartoffel-Essig oder die Weißwein- und Rotweinessige als Klassiker.

TIPP

Johann Müller unterhält auch ein kleines Privatmuseum.

Johann Müller ist ausgewiesener Essig-Kenner und gibt gerne Ratschläge, zu welchen Speisen seine Zubereitungen am besten passen. Die Geschmacksnote Gummibär etwa soll gut mit Rettichsalat harmonieren. In der Essig-Hausapotheke verspricht Granatapfel ewige Jugend, Preiselbeer Linderung bei Gelenkbeschwerden und Nervenentzündungen und Baldrian Beruhigung, ohne zu ermüden. Ein Rezept für einen Schönheitstrunk hat der findige Niederbayer auch noch parat. Essig bedeutet für ihn Gesundheit und Genuss zugleich. Dass der Spruch „Sauer macht lustig“ seine Berechtigung hat, beweist der Essig-Hans mit seiner positiv-fröhlichen Art. Wenn nicht zu viel los ist, spielt er schon einmal mit der Harmonika auf. Und gibt der Kundschaft noch eine spezielle Empfehlung mit auf den Weg. „Probieren Sie doch heute Abend einen Schuss Fruchtessig auf ein Glas Sekt.“ Dieser Laden ist für alle, die Gutes lieben, eine echte kulinarische Inspiration.

Essig-Hans, Hofmark 16, 84364 Bad Birnbach, Tel. (01 72) 9 36 20 13
www.essig-hans.de

Essig
Neu
Zitrone

Augenblicke zum Verlieben

34 Ein Besuch auf dem Alpakahof Ausham

Biegt man von der schmalen Straße in den Hof ein, strecken sich einem Wuschelköpfe mit großen Augen auf langen Hälsen entgegen. Unwillkürlich zaubern einem die neugierigen tierischen Gesellinnen und Gesellen ein Lächeln ins Gesicht. Ein Besuch auf dem Alpakahof Ausham stimmt prompt fröhlich. Kommt man näher, zitiert die Besitzerin schmunzelnd gerne ein peruanisches Sprichwort. Es lautet: „Schau einem Alpaka nicht zu tief in die Augen – du könntest dich verlieben." Da ist was dran.

Die gebürtige Schwäbin Heike Fischhaber hat nach Auslandsaufenthalten in Niederbayern eine neue Heimat gefunden und beschlossen, sich ganz besondere Gefährten auf den Hof zu holen. Sie ist fasziniert von der Ruhe und Gelassenheit, die die Alpakas ausstrahlen. Wer die Tiere kennenlernen möchte, kann eine Wanderung mit ihnen buchen, genauer gesagt: mit den Männern. Die Stuten sind der Zucht vorbehalten. Für den Spaziergang können sich die Gäste jeweils einen von den „Jungs" aussuchen. Dann wird aufgehalftert und die Chefin erklärt, wie man Alpakas führt, was man tut, wenn man einem Auto oder einem Hund begegnet, dass man sich nicht hinter die Tiere stellen soll. Man erfährt auch, dass Alpakas nicht so gerne gestreichelt werden.

TIPP
Auf dem Hof kann man übernachten – in einer Ferienwohnung oder mit dem Wohnmobil.

Fischhaber bietet ihre Wanderungen in Kleingruppen an, die sie persönlich begleitet. Sie möchte nicht nur Wissen vermitteln und ihre Freude an den Tieren weitergeben, sondern eine beglückende Auszeit ermöglichen. Gerade bei Kindern und Jugendlichen ist der Alpaka-Führerschein beliebt, den man erwirbt, wenn man nach der Wanderung einen kleinen Hindernisparcours bewältigt und ein paar Quiz-Fragen rund um die Tiere beantwortet hat. Als Belohnung gibt es ein Dokument mit einem Foto von dem flauschigen Partner, mit dem man gewandert ist. Alpaka-Wolle zählt zu den edelsten Zwirnen und verfügt über besondere Eigenschaften, die nicht nur wärmend sind. Im Laden kann man eine ganze Reihe von Produkten erwerben: Bettdecken, Kissen, Schals, Socken, Handschuhe, Seifen und noch mehr.

● Alpakahof Ausham, Ausham 15, 94081 Fürstenzell, Tel. (0 85 06) 9 23 14 11
www.alpakahof-ausham.de

Ein Bett im Kornfeld

35 Sommer-Aktion des Biohofs Fischer-Ittlinger

Jung und innovativ präsentieren sich immer mehr landwirtschaftliche Betriebe in der Region. Sie wollen zeigen, dass in Niederbayern mit Leidenschaft Produkte von hoher Qualität angebaut und verarbeitet werden. Die Familie Fischer-Ittlinger aus Haidlfing präsentiert sich mit einer ganz besonderen Aktion und stellt im Sommer ein Holzbett in ein Feld, mit und in dem man sich fotografieren (lassen) kann. Für das Smartphone gibt es sogar einen extra Pfosten als Selfie-Station. Die Hofbetreiber haben einen eigenen Lattenrost gebaut, damit man sich aufrecht hineinsetzen und entsprechend fotogen inszenieren kann. Für das schöne alte Bett – es stammt vom Großvater und stand lange auf dem Speicher – wurde eine Schneise geschlagen und so hat man das Gefühl, mitten im Feld zu liegen. Die goldenen Ähren bewegen sich sanft im Wind und man sieht nichts anderes. Obwohl das Feld nicht weit von einer Straße entfernt ist, ist es herrlich still. Einmal gut gebettet im Kornfeld zu liegen, ist ein echtes Erlebnis. Um es sich richtig gemütlich zu machen, bringen sich manche ein eigenes Kissen und eine Decke mit. Wer mag, postet das Ergebnis dann auf Instagram und kann sich als Dankeschön dafür auf dem Hof ein kleines Geschenk abholen. Auf einer Tafel am Kornfeld-Bett wird locker und unterhaltsam erklärt, was hier wie angebaut wird. Und so lernt man quasi wie im Schlaf etwas dazu.

Neben Dinkel, Weizen, Mais, Emmer und Einkorn kultivieren die Biolandwirte Sonnenblumen, Kartoffeln, Soja- und Ackerbohnen, Hafer, Zuckerrüben, Raps und Kleegras. Mithilfe einer sogenannten Zentrofan-Mühle stellen sie auf dem Hof besonders hochwertiges Bio-Vollkornmehl her, das man vor Ort erwerben kann. Außerdem haben sie eigene gesunde Backmischungen für „Bio-Ruck-Zuck-(Weg-)Streusel"- oder „Blitz-Rührkuchen" entwickelt.

Bei der sommerlichen Aktion ist die gesamte Familie jedes Jahr mit Herzblut dabei. Und auch alle drei Kinder bringen sich mit tollen Ideen und fleißigen Social-Media-Aktivitäten ein. Das Bett steht jeden Sommer in einem anderen Feld.

● Biohof Fischer-Ittlinger, Landauer Straße 8, Haidlfing, 94522 Wallersdorf, Tel. (0 99 33) 9 53 97 69, www.biohof-fischer-ittlinger.de

-LICH WILLKOMME
IM
Bett im
GONNT EUCH 5 MINUTEN URLAUB
IN UNSEREM DINKELMEER
1 MACHT EIN SELFIE VON EUCH UND UNSEREM BETT
2 POSTET ES AUF INSTAGRAM ODER FACEBOOK
3 VERLINKT UNSEREN ACCOUNT
4 ÜBERRASCHUNG BEI UNS AM HOF ABHOLEN
Viel Spaß!

Mit dem „Goggo“ fing es an

36 Industriegeschichte im Museum Dingolfing

Was wäre Niederbayern ohne BMW? Die Erfolgsgeschichte des Automobilherstellers hat maßgeblich zum Aufstieg der Region beigetragen und so manche Familie begleitet das Unternehmen mit den drei Großbuchstaben als Arbeitgeber über mehrere Generationen hinweg. Die industriegeschichtliche Abteilung des Museums Dingolfing zeigt anschaulich die spannende Historie – von der Sämaschine über das „Goggerl“ bis hin zum Hightech-Automobil. Die Firma Glas hatte in Dingolfing 1905 ihre erste Niederlassung gegründet und ab 1955 das legendäre Goggomobil gebaut. Nachdem das Unternehmen 1966 von der BMW AG übernommen worden war, entwickelte es sich in den 1970er-Jahren zu einer der modernsten Fahrzeugfabrikationen weltweit. Am besten startet man den Rundgang im Obergeschoss des ehemaligen Getreidekastens. Dort kann unter mächtigen Holzbalken en miniature die von Andreas Glas erbaute erste Werkstatt bestaunt werden, außerdem ist das ehemalige Werksgelände samt Villa und Arbeitersiedlung zu sehen und es gibt einen Überblick über die Produktpalette der damaligen Zeit. Im Erdgeschoss machen sich die Besucher auf den Weg in die automobile Ära: Hier strahlen auf Hochglanz polierte farbenfrohe Goggo-Roller und das „Goggomobil“ in verschiedenen Modellvarianten stolz um die Wette. Die „Goggos“ waren kleine, robust gebaute Raumwunder – ausgelegt für zwei Erwachsene und zwei Kinder. 1969 wurde die Produktion, bereits unter BMW, eingestellt. Doch der Anblick eines Goggomobils oder Autos aus der Produktpalette der Familie Glas lässt noch heute das Herz vieler Automobilisten höherschlagen.

Liebhaber der Marke BMW kommen im Untergeschoss auf ihre Kosten. Neben verschiedenen Modellen gibt es einen Live-Einblick in die Produktion. Besonders interessant ist die Entwicklung der Niere – des zweigeteilten Kühlergrills der BMW-Modelle – im Laufe der Jahre sowie der Wandel der Werkstoffe im Automobilbau. Ein Highlight stellt ein Roboter dar, der auf Knopfdruck das persönliche Wunschauto präsentiert. Der Museumsbesuch ist ein Erlebnis für die ganze Familie.

TIPP

Dem Unternehmer Hans Glas ist in der Bahnhofstraße ein Denkmal gewidmet.

- Museum Dingolfing, Obere Stadt 19, 84130 Dingolfing, Tel. (0 87 31) 31 22 28 www.museum-dingolfing.de
- ÖPNV: ab Bf. Dingolfing mit der blauen Linie zum Spitalplatz, ca. 5 Minuten Fußweg

Goggo Coupe

Tibor und Balu als Stars

37 Der Bärenpark in Hart bei Bad Füssing

Die beiden sind hier so etwas wie die Hauptdarsteller: Tibor und Balu – zwei mitteleuropäische Braunbären, die aus einem kleinen spanischen Wanderzirkus stammen und von klein auf aneinander gewöhnt sind. Tibor liebt es, „Männchen" zu machen – vor allem, wenn ein Eimer voller Leckereien in der Nähe ist. Einige Meter weiter genießt Balu ein Bad im großen Teich und fängt die Äpfel, die ihm der Tierpfleger zuwirft. Was die zwei und 13 andere Artgenossen sonst so den ganzen Tag lang treiben, kann man – mit etwas Glück und Ausdauer – von einer Besucherplattform aus beobachten oder auf einem 1,5 Kilometer langen Rundweg um das Areal. Der Bärenpark selbst ist nicht öffentlich zugänglich und gut gesichert. In den Sommermonaten findet in der Regel donnerstags um 15.30 Uhr eine Führung statt. Von November bis März begeben sich die Tiere in der Regel in Winterruhe.
Unter den Bewohnern sind ehemalige „Tanzbären", der letzte Zirkusbär Deutschlands und Bären, die aufgrund eines engen langen Kontakts zu Menschen nicht mehr in die Wildnis entlassen werden können. Inzwischen finden hier aber auch immer mehr geschundene Tiere aus privater Haltung ein neues Zuhause. In der wunderschönen elf Hektar großen Anlage werden sie von Fachleuten bis an ihr Lebensende bärengemäß gepflegt und betreut.
Der Gnadenhof für Bären ist aber nicht nur ein Glücksfall für die Tiere. Auch große und kleine Besucher haben am munteren Treiben der Bären ihre Freude. Und wenn gerade einer der Pfleger (Ron, John oder Chris) in der Nähe ist, können sie viel über das Wesen und die Verhaltensweisen der einzelnen Tiere erfahren – zum Beispiel auch, dass diese über einen exzellenten Geruchssinn verfügen. Den fördern die Gnadenhof-Mitarbeiter, indem sie auf dem waldreichen Gelände an unterschiedlichsten Plätzen Honig ausstreichen. Was fressen Bären? Wie alt werden sie? Nach dem Besuch des Gnadenhofs weiß man auch dank ausführlicher Informationstafeln jede Menge über Tibor, Balu und ihre Artgenossen und kommt gerne wieder.

● Gnadenhof für Bären, Am Bärenpark 7, 94072 Bad Füssing/Hart,
Tel. (0 85 37) 91 94 02

Schuhe und Socken aus!

38

Unterwegs auf dem Barfußweg in Sankt Englmar

Vor einem herrlichen Panorama tief durchatmen, sich selbst spüren, Sorgen und Probleme außen vor lassen, in der Natur abschalten, sich sportlich betätigen. Dazu hat man im Fitness- und Entschleunigungspark des Sport- und Wellnesshotels Angerhof viele Gelegenheiten. Ein Highlight der Anlage ist der etwa einen halben Kilometer lange Barfußweg.

Es schmeichelt, sticht, bitzelt, ist kühl, gleich wieder wärmer, nassschlammig, weich, hart und rau. Unsere Füße, die es nicht (mehr) gewohnt sind, den Untergrund zu spüren, auf dem sie unterwegs sind, bekommen hier ständig neue sensorische Eindrücke. Mehr als 80 farbenfrohe Böden aus verschiedenen Materialien kann man auf dem Parcours in Sankt Englmar „ergehen". Dazu gehören verschiedene feine, grobe und glatte Gesteinsarten, Tannenzapfen, Glasperlen, kegelförmige Champagnerflaschen-Böden, Gras, Baumstämme oder Wasser. Und zwischendurch balanciert man auf Drehkreiseln oder relaxt auf einem Bankerl im sogenannten „Weidendom". Der Barfußweg ist eine erstaunlich faszinierende Erfahrung: Wer noch nie zuvor schuhlos über einen solchen Pfad gelaufen ist, ahnt nicht, was Füße alles fühlen können. Die Aktivierung der Reflexzonen trainiert die Fußsohlen und wenn man das Barfußgehen öfter übt, kann man sogar die Koordination verbessern. Der Barfußweg ist von Mai bis Oktober geöffnet. In dem insgesamt 30 000 Quadratmeter umfassenden Entschleunigungspark lautet das Motto „Mit allen Sinnen". Auf dem Areal kann man unter anderem auch auf einem Kneipp-Weg wandeln, einen Naturlehrpfad mit mehr als 50 verschiedenen Pflanzenarten besuchen und an Outdoor-Fitnessgeräten trainieren. Für Hotelgäste ist der Barfußweg kostenlos. Auswärtige Besucher können an der Rezeption eine Eintrittskarte erwerben.

Der staatlich anerkannte Luftkurort Sankt Englmar liegt auf dem Kamm des Höhenzuges Vorderer Bayerischer Wald, der zum Donautal hin steil abfällt. Der Überlieferung nach geht der Name auf Engelmarus zurück, der hier um 1094 eine Einsiedelei errichtete.

TIPP

Im Haus am Kopf am Waldwipfelweg ist alles verkehrt herum.

Hotel Angerhof, Am Anger 38, 94379 Sankt Englmar, Tel. (0 99 65) 18 60
www.angerhof.de

Ein Traum aus Vinyl

39 Vinylothek – Plattenparadies in Eggenfelden

Pink Floyd „The Piper at the Gates of Dawn", Manfred Mann's Earth Band „Watch", Billy Joel „Glass Houses" … Auf Facebook und Instagram präsentiert ein brauner Samtsessel die „Platte des Tages". Viele LP-Fans haben schon sehnsüchtig auf einen Post der Vinylothek gewartet. Ganz schön kultig! Denn beim Blick auf das jeweilige Cover werden Erinnerungen wach: an lange Partynächte, den ersten Kuss, die frühere Clique … In Eggenfelden haben sich sechs Freunde einen Traum erfüllt. Sie betreiben dort einen Plattenladen, der längst zu einem Anziehungspunkt für Vinyl-Liebhaber aus der ganzen Region geworden ist. Das liegt nicht nur an dem formidablen Angebot, sondern auch an der Atmosphäre: Richtig gemütlich ist es hier. Man fühlt sich weniger wie in einem Geschäft als in einem Wohnzimmer aus den 1970er-Jahren. Eine Getränkebar gibt es auch, eine Couch, Lavalampen und ein wildes Stück braun-orange-gelbe Tapete mit kreisrunden geometrischen Motiven, die an die berühmten Pril-Blumen erinnern.

Wer hierherkommt, sucht ein bestimmtes Album oder freut sich einfach darüber, (wieder) in Plattensammlungen zu blättern, kunstvoll gestaltete Cover in die Hand zu nehmen, die Scheiben vorsichtig herausgleiten zu lassen und begutachten zu können. Vinyl ist wieder in. In Zeiten von Streaming- und Downloaddiensten gibt es eine Sehnsucht nach dem Nicht-Virtuellen, das ruhig ein wenig knistern darf, aber einfach wärmer klingt. Inzwischen setzen sogar viele Labels auf die gute alte Schallplatte. Das Sortiment umfasst rund 1500 Langspielplatten und es verändert sich ständig. Nachschub kommt von Privatkunden, aus Auflösungen oder als Neuware. Wer gerne in eine LP reinhören möchte, kann das mit zwei Plattenspielern und Kopfhörern tun. Das Publikum ist altersmäßig breit gefächert: Es kommen immer mehr Junge, die sich auch beraten lassen, welchen Plattenspieler sie kaufen sollen, aber durchaus auch 80-Jährige, die glänzende Augen haben, wenn sie Jazz- oder Blues-Schätze aus ihrer Jugend entdecken.

- Vinylothek by The Sonic Brewery, Stadtplatz 10, 84307 Eggenfelden, Tel. (0 87 21) 5 07 20 78
- ÖPNV: ab Bf. Eggenfelden Bus zum Busbahnhof, ca. 5 Minuten Fußweg

POP
ROCK
ROCK
ROCK
ROCK

Ein Vollbad im Mondschein

40 Zu Gast bei der Rottaler Familie Espenberger

Haben Sie schon einmal im Mondschein gebadet? In einer frei stehenden nostalgischen Wanne – draußen auf einer kleinen Terrasse unter einem weiten Sternenhimmel mit Laternen drumherum und nichts als Natur? Einen Drink in der Hand mit dem Blick über die sanfte Hügellandschaft des Rottals, wohlig-warm umhüllt von sinnlich duftendem Wasser? An klaren Tagen kann man bis in die Alpen sehen und da spielt es für das Glücksgefühl keine Rolle, ob der Mond, die Sonne – oder überhaupt nichts scheint. Hier ist es auch schön, wenn über dem nahen Wald Nebelschwaden wabern.

Das „Mondscheinbad“ bietet die Familie Espenberger auf ihrem Dreiseit-Hof als Extra an. Die Rottaler haben für ihre Gäste spezielle Übernachtungsmöglichkeiten geschaffen: zwei liebevoll eingerichtete Pfahlhäuschen, die der Hausherr – wie auch die Badeveranda – selbst entworfen und gebaut hat. Das eine ist fröhlich gelb-grün-, das andere rot-blau-gestreift. Im Inneren sorgen Lehmputz, ein gusseiserner Holzofen und eine Fußbodenheizung für ein behagliches Raumklima. Inmitten des riesigen Obstgartens mit allein 300 Apfelbäumen gibt es noch ein Haus auf Rädern und den „Quittenschupfa“ mit einer Feuerstelle und einer 18 Quadratmeter großen Terrasse.

„Made in Niederbayern“ mit den vier Ferienwohnungen ist ein paradiesisch anmutender Ort der Entschleunigung mit Katzen, Kühen, einem Hund und ganz vielen Blüten und Eigengewächsen. Trübsinn hat hier keine Chance. Die Familie mag es bunt und Birgit Espenberger hat ein Händchen für herzerwärmende stilvolle Details: Blümchen, Kerzen, Kannen, Tassen wie bei Oma. Sie macht vieles selbst, Saft aus eigenen Quitten, Badepralinen, Gebäck. Ein Kuchen ist bei ihr nicht einfach nur ein Kuchen. Gerade hat sie ein neues Rezept ausprobiert und garniert das Resultat mit einer prallen Feige und einer gelben Blüte. Von ihren Küchenkünsten profitieren auch die Gäste, die sich normalerweise selbst versorgen. Der angebotene Frühstückskorb mit selbst gemachten Köstlichkeiten ist ein Renner.

● Made in Niederbayern, Ferienhausvermietung Espenberger, Neuwimm 4, 94149 Kösslarn, Tel. (0 85 33) 91 01 17, www.made-in-niederbayern.de

Kanupolo und Kultur

41 Spaziergang rund um den Alten Hafen Kelheim

Der Kanalhafen am Westrand der Kelheimer Altstadt ist ein Industriedenkmal. Er wird zwar nicht mehr genutzt, wäre aber immer noch funktionstüchtig. Der Hafen, der sich über 600 Meter erstreckt, ist Teil des 173 Kilometer langen Ludwig-Donau-Main-Kanals aus dem 19. Jahrhundert. Der Kanal wurde nach einer Bauzeit von zehn Jahren 1846 in Betrieb genommen und musste mit 100 Schleusen zwischen Donau und Main 264 Meter Höhenunterschied bewältigen: 80 Meter mit 32 Schleusen von Kelheim hinauf zur Scheitelhaltung, 184 Meter von dort mit 68 weiteren Schleusen hinab nach Bamberg zur Schleuse 100. Für die gesamte Strecke benötigte man fünf Tage. Die Schiffe wurden „getreidelt", von Pferden gezogen. Doch die Eisenbahn gewann als Transportmittel zusehends an Bedeutung und so wurde der Kanal 1950 stillgelegt. Heute sind die Kanal-Relikte ein Stück Kulturgeschichte, ein Zeugnis höchster Ingenieurskunst.

TIPP

Im Boutique-Hotel am Ledererturm übernachten.

Der alte Hafen ist einer der Lieblingsplätze von Gästeführerin Silvia Kolmer. Bei einem Spaziergang lässt sie Hafen- und Kanal-Geschichte(n) Revue passieren und erklärt, was heute noch zu sehen ist: Neben dem in Kalksteinblöcken gefassten Kanalbecken sind das vor allem die Schleuse Nummer 1, das Schleusenwärterhaus und die frühere Lagerhalle. Ob bei Sonne, Nebel oder Schnee: Der Hafen zeigt zu unterschiedlichen Tages- und Jahreszeiten immer wieder ein anderes Gesicht. Man fühlt sich in alte Zeiten zurückversetzt. Im Schleusenhaus wohnte einst der Schleusenwärter mit seinen Tieren inmitten eines üppigen Obst- und Gemüsegartens, den es immer noch gibt.

Das alte Hafenbecken wird gerne von Freizeitsportlern genutzt, die einer nicht so bekannten Mannschaftssportart, dem Kanupolo, frönen. Dabei geht es um viel Krafteinsatz in kleinen und wendigen Einerkajaks, einen geschickten Umgang mit dem Ball und Tore zwei Meter über dem Wasser. Lange lag der Alte Hafen im Dornröschenschlaf. Spätestens zum 175-jährigen Geburtstag des Kanals wurde deutlich, welches Potenzial der „Kulthafen" birgt – als Manege für Kunst und Kultur.

● Alter Kanalhafen Kelheim, Hienheimer Straße, 93309 Kelheim

Mit Liebe handgemacht

42 Die Kleine Seifensiederei in Ruhstorf

Sie liebt Dinge, die eine Geschichte erzählen. Im früheren Heim- und Handwerkerladen, der der Zimmerei ihres Mannes angegliedert war, hat Doris Deml einen ganz speziellen Ort geschaffen. Teile davon wie die wunderschöne alte Ladeneinrichtung stammen aus dem Kramerladen im ehemaligen Kaufhaus Reitmeier. Vor allem viele Damen zieht es immer wieder in das kleine, so liebevoll eingerichtete und dekorierte Seifen- und Duftparadies. Und nicht wenige Urlauber aus der Region, die den Weg in die Kleine Seifensiederei gefunden haben, zählen längst zu ihren treuen Kunden.

Am Anfang stand ein Italien-Trip. Als die Niederbayerin in Sirmione in einem Straßencafé saß, verkaufte ein Olivenbauer gegenüber selbst gemachte Seife. Sie erwarb ein Stück und probierte es zu Hause aus. Deml war begeistert von der guten Verträglichkeit und dem angenehmen Hautgefühl und wollte versuchen, Seifen selbst herzustellen. Sie kaufte einschlägige Literatur und machte sich ans Werk. Die Freunde, an die sie die ersten Produkte verschenkte, waren so begeistert, dass sie beflügelt weitermachte. Sie begann ihre eigenen Rezepte mit hochwertigen naturreinen Pflanzenölen zu entwickeln und brauchte dafür immer mehr Platz. Die Produkte heißen Gärtnerseife, Grasgeflüster, Pfefferminz-Prinz, Unbeschreiblich weiblich oder Thermalwasser und ständig kommen neue hinzu.

TIPP

Es lohnt sich, einen Besuch der Siebenschläferkirche im Ortsteil Rotthof einzuplanen.

Das Highlight ist eine Schauküche mitten im Laden. Hier kann man der Seifenexpertin dabei zusehen, wie sie kaltgerührte Natur- oder Ziegenmilchseifen in vielen Formen und Farben sowie unterschiedlichen Duftnoten herstellt. Hier wird gerührt, gesiedet, geformt und geschnitten. Längst hat Doris Deml aber nicht nur klassische Seifen, Shampoo-, Rasier- und Duschseifen im Angebot, sondern viele weitere selbst gemachte Pflegeprodukte wie Badewannen-Brausebomben, Lippenbalsam, Duschpeeling, besondere Badesalzkompositionen oder Körperbutter. In der Kleinen Seifensiederei riecht es betörend und man spürt in jedem Winkel, mit wie viel Liebe hier alles gemacht wird.

● Kleine Seifensiederei, Hans-Loher-Straße 8, 94099 Ruhstorf/Rott,
Tel. (0 85 31) 35 44, www.kleineseifensiederei.de

Wo das Glück läutet

43 Peterhäusl's mobiler Dorfladen

Das Glück kann man an Orten finden, die man aufsucht, weil sie einem das Herz erwärmen. Es kann aber auch sein, dass ein solcher Ort zu einem kommt. Ein relativ seltenes Phänomen, das sich aber im Gebiet zwischen Freyung, Waldkirchen, Deggendorf, Vilshofen und Passau ereignet. Wenn man sich dafür anmeldet. Denn in dieser Region fährt „Peterhäusl's rollender Dorfladen" direkt vor die Haustür. Und der Service geht noch weiter: Bei Bedarf werden die Einkäufe sogar in die Küche getragen. Mehr als 1500 Kunden freuen sich jede Woche auf den Supermarkt auf Rädern. Manche haben Waren schon per Telefon oder E-Mail vorbestellt. Es sind viele ältere Menschen, die oft nicht mehr so mobil sind oder keine Einkaufsmöglichkeit in nächster Nähe haben. Aber auch Mütter oder Familien sind froh, dass sie die wichtigsten Dinge des täglichen Bedarfs geliefert bekommen. Und für so manchen ist der Besuch des fahrenden Tante-Emma-Geschäfts ein wichtiger sozialer Kontakt. Denn da lautet das Motto „Geht nicht, gibt's nicht" und so haben die Mitarbeiter auch ein offenes Ohr für Alltagsprobleme. Funktionieren die Batterien im Hörgerät nicht mehr? Das nächste Mal sind auf der Tour neue dabei. Oder die Fahrer nehmen einen Brief mit zur Postagentur.

Die Familie Bauer („Peterhäusl" ist der alte Hausname) aus Waldkirchen bietet diesen mobilen Service bereits seit mehr als 40 Jahren an. In dem rund 300 Quadratmeter großen Lager in Waldkirchen stehen etwa 1000 Artikel zur Lieferung parat. Im Angebot ist alles, was man so braucht: frisches Obst und Gemüse, Eier, Mehl, Zucker, Wurst, Brot, Süßigkeiten, aber auch Konserven, Blumendünger, Katzenfutter, Zeitungen, Zigaretten, Tiefkühlprodukte und Kosmetikartikel, Honig und Räucherfisch. Weil auch beim mobilen Einkaufen Regionalität und Bioqualität immer wichtiger werden, kooperieren die Firmenchefs Josef und Tanja Bauer nicht nur mit einer großen Einkaufsgenossenschaft, sondern beispielsweise auch mit einer regionalen Hofmolkerei und nahen Bäckern und Metzgern.

● Peterhäusl's rollender Dorfladen, Freyunger Straße 19, 94065 Waldkirchen, Tel. (0 85 81) 98 44 04, www.peterhaeusl.de

oft
cake

Hopfen-Gin und Bierschoko

44 Die Liqueur & Genussmanufaktur Lutzenburger

Erstaunlich, was man alles aus und mit Hopfen machen kann (außer Bier)! Und wenn nicht im größten zusammenhängenden Hopfenanbaugebiet der Welt, wo sonst sollte man das entdecken können. Das Familienunternehmen Lutzenburger im Herzen der Hallertau ist Spezialist für Hopfenprodukte aller Art. Einen Teil davon stellt es in der eigenen Manufaktur selbst her: Spirituosen und Süßes. Im Ladengewölbe in Mainburg gibt es aber noch viel mehr „Hopfiges": Hopfen-Servietten, Kuchenteller oder Haferl mit Hopfenmotiven, Hopfen-Kräuterfrüchte-Tee, Hopfenwurst oder Hopfensenf.

Bereits 1789 legte Johann Lutzenburger den Grundstein für eine Erfolgsgeschichte. In den Anfangsjahren lag der Fokus noch auf der Herstellung und dem Handel mit Getränken. Doch der Gründer erfand mit dem „Hallertauer Hopfengold" sogar eine eigene Spirituose. Dem 56-prozentigen dickflüssigen, goldgelben Hopfen-Kräuter-Likör wurden alle möglichen Eigenschaften als „kleines Wunderwasser" zugeschrieben. Die Farbe erinnert an das Lupulin in den Hopfendolden, das ihm die besondere Geschmacksnote verleiht. Das genaue Rezept ist ein wohlgehütetes Geheimnis der Familie. Hopfengold ist auch eine beliebte Zutat in Mixgetränken. In Mainburg hat man dafür die Rezepte parat – wie für den Hopfengold-Cocktail (bei dem übrigens auch Bier eine Rolle spielt).

Heute führt Hans-Peter Lutzenburger mit seiner Mutter Ilse die niederbayerische Manufaktur. Hochprozentiges gibt es immer noch und immer wieder kommen neue geistreiche Kreationen hinzu wie der Bayerische Edelbitter Luzetto, Hopfen-Vodka oder Hopfen-Gin. Das „Grüne Gold" kann man sich aber auch als Schokolade oder Praline auf der Zunge zergehen lassen. Konditormeister Lutzenburger kreiert in der Confiserie im Obergeschoss edle, handgeschöpfte Schokoladen und exquisite Pralinen – gerne mit Hopfen und Bier. Hopfen-, Bockbier- und Bierschokolade mit Premium Pils sind nur einige der hauseigenen Spezialitäten. Die kann man auch bei einer Führung probieren – ein echter Glücksmoment!

● Liqueur & Genussmanufaktur Lutzenburger, Scharfstraße 1, 84048 Mainburg, Tel. (0 87 51) 10 27, www.lutzenburger.de

LUTZENBURGER
LUTZENBURGER

Im Grünen

45 Bogners Bio in der historischen Saußmühle

Denkt man an einen Bioladen, stellt man sich ein kleines Geschäft vor, irgendwo in einer Innenstadt – oder aber auch einen großen Öko-Supermarkt an der Peripherie. Deswegen ist „Bogners Bio" so besonders. Denn dieser Laden steht an keinem typischen Platz, sondern allein mitten in der Natur. Wer ein gutes Stück außerhalb von Waldkirchen in der historischen Saußmühle ankommt, um dort seine Einkäufe zu erledigen, wird automatisch entspannter. Dieser Ort ist seit Jahrhunderten mit dem Familiennamen Bogner verbunden.1949 wurde hier ein Gasthaus eröffnet, das in der Region einen hervorragenden Ruf genoss. Das zur Mühle gehörende Sägewerk stellte 1950 den Betrieb ein. Bis 1968 wurde noch Getreide gemahlen. Nachdem das Wirtshaus geschlossen worden war, stand das Gebäude einige Jahre leer – ein neues, zeitgemäßes Konzept musste her. Weil Ulrike und Franz Bogner immer schon sehr naturverbunden waren und sich die Familie gerne gesund ernährt, entschlossen sie sich, einen Bioladen zu eröffnen. Den wollten sie auch drinnen mit Holzeinbauten wertig machen.
Anfangs wurde ihre Idee belächelt, doch schnell gab ihnen der Erfolg Recht. Bei der Leserwahl des Kundenmagazins „Schrot&Korn" wurde Bogners Bio bereits mehrfach zum besten Fachgeschäft der Branche gekürt. In der 300 Jahre alten Saußmühle trifft alt auf neu. Das begeistert die vielen Stammkunden aus der Region – und natürlich auch die Liebe und Sorgfalt, mit denen Uli Bogner ihre Produkte auswählt. Ein besonderes Faible hat sie für Käse und daher findet sich ein reiches Angebot in ihrer Theke. Ihre Lieblingssorte? Der „Rote Casanova", weil er so schön sahnig-cremig ist. Das Sortiment umfasst rund 4000 Produkte. Dabei versucht die Geschäftsfrau, Plastik so gut wie möglich zu verbannen und setzt beispielsweise auf Pfandgläser. Sie kennt viele Kundinnen und Kunden persönlich, ist mit den meisten per Du und weiß, was sie brauchen und mögen. Auch das ist eine wichtige Komponente der ganz speziellen (Einkaufs-)Atmosphäre an diesem ausgezeichneten Ort.

● Bogners Bio, Saußmühle 2, 94065 Waldkirchen, Tel. (0 85 81) 9 84 14 90
www.bognersbio.de

Eine Reise ins Universum

46

Die Sternwarte Winzer auf dem Pledlberg

Es gibt wenig Schöneres, als einfach nur ruhig dazusitzen und den Blick nach oben in den nächtlichen Sternenhimmel zu richten – auf all die unzähligen Sterne und die Planeten. Wie schnell doch die Weite des Alls die Relationen im Kopf justiert! Und fast noch ein wenig schöner ist es, wenn man weiß, was da so alles am Firmament funkelt und glänzt. Siegmund Leitl, Vorsitzender des Vereins Volkssternwarte Unterer Bayerischer Wald, hat die Faszination „für alles, was über mir ist" schon als Kind verspürt und teilt sie gerne mit anderen. So war es für ihn und seine Kollegen ein Glückstag, als in seiner Heimatgemeinde Winzer 2004 eine Sternwarte eröffnet wurde. Sie befindet sich auf dem Pledlberg. Von dort hat man einen herrlichen Ausblick ins Donautal. Die vielen Sträucher und Bäume mindern das Streulicht der Umgebung. Nach Einbruch der Dunkelheit kann man unter sehr guten Sichtbedingungen das Sonnensystem und die Weiten des Weltalls ins Visier nehmen. Das geschieht mit dem bloßen Auge, einem Feldstecher oder auch per Teleskop. In der Sternwarte „entdeckt" man ferne Galaxien, sieht die Kraterlandschaften des Mondes, explodierende Sterne oder die Ringe des Saturns.

Normalerweise ist die Sternwarte am Freitagabend für die Öffentlichkeit zugänglich. Den astronomisch versierten Vereinsmitgliedern bereitet es viel Freude, ihr Wissen an Interessenten jeden Alters weiterzugeben. Es kommen Familien, Paare, Männer, Freundinnen, Enkel mit dem Opa, Hobby-Sternengucker oder nach Voranmeldung auch Schulklassen aus der ganzen Region. Die Besucher haben einen unterschiedlichen Kenntnisstand und stellen viele Fragen – wie zum Beispiel: „Wie weit ist der Mond von der Erde entfernt?" „Kann man die Planeten bewohnen?" oder „Wie entstand eigentlich unser Sonnensystem?" Im Planetarium können kleine Gruppen auf der Innenfläche der vier Meter großen halbkugelförmigen Kuppel Projektionen des Sternenhimmels beobachten. Auch das ist ein Highlight und macht den Pledlberg zu einem ganz besonderen Ort.

TIPP

Auf dem Schlossberg lassen sich die Überreste der Burg Winzer besichtigen.

● Sternwarte Winzer, Pledlberg 1a, 94577 Winzer, Tel. (0 99 01) 93 57 14
www.sternwarte-winzer.de

UNSERE SCHULE
WINZER
Fachhochschule
Deggendorf

Himmlisches Abenteuer

47 Der Ballonhafen in Bad Griesbach

Sie wollen einmal hoch hinaus? Die Natur sowie die Stille und Weite der Atmosphäre unmittelbar erleben? Dann steigen Sie in einen Heißluftballon, um in ein himmlisches Abenteuer zu entschweben. Das Tolle: Zwischen Ihnen und der Welt da oben gibt es keine Barrieren. Sie haben einen grandiosen 360-Grad-Panorama-Ausblick. Die Lautlosigkeit wird nur manchmal durch die Gasstöße der Brenner unterbrochen. Vom Ballonhafen Bad Griesbach führt die Reise über die Landkreise Passau und Rottal-Inn hinweg, über Häuser, Kirchen, Felder, Wiesen, Wälder und Seen. Die Flüsse Donau, Inn und Rott werden zu glitzernden Rinnsalen. Auf den vielen Golfplätzen der Region ziehen Spieler ihre Runden, in den Thermen aalen sich Besucher im warmen Wasser. Bis zu 5000 Meter geht es hinauf und erstaunlicherweise ist es kaum kälter als am Boden. Der Pilot kann die Heißluft mit der Gasflasche regulieren und dadurch auch die Fahrthöhe beeinflussen. Der Wind entscheidet am Ende, wo man landet – ob in Oberösterreich, im Salzburger Land, in Tirol oder im Bayerischen Wald. Im wahrsten Sinne ein Highlight, das die Ballonhafen Bad Griesbach GmbH ausschließlich im Winter anbietet, ist aber sicherlich eine Alpenfahrt oder gar eine Alpenüberquerung inklusive Übernachtung.

Ballonfahrten werden zu den unterschiedlichsten Anlässen verschenkt, als romantischer Ort für einen Heiratsantrag auserwählt oder als Führungskräfte-Event gebucht. Hafen-Geschäftsführer Michael Wimmer hat sein Hobby zum Beruf gemacht. Der nach vielen Jahrzehnten Fahrpraxis immer noch begeisterte Ballonpilot bevorzugt als Startzeit im Sommer die frühen Morgenstunden: „Um sechs oder sieben Uhr habe ich immer die schönsten Naturstimmungen erlebt."

Mit etwa 20 großen Ballons, fünf Modellballons und mehreren tausend Besuchern gehört das Ballontreffen im August zu den größten Heißluftballon-Events Bayerns. Das Ballonglühen mit musikalischer Choreografie ist mit seinen tollen Licht- und Soundeffekten zweifellos der absolute Höhepunkt der Veranstaltung.

● Ballonhafen Bad Griesbach GmbH, Hauptstraße 41, 84371 Anzenkirchen, Tel. (0 85 62) 21 84, www.ballonhafen-bad-griesbach.de

QUELLNESS
GOLF RESORT
BAD GRIESBACH

Wo das Glück unterwegs ist

48 Natur-Coaching für neue Perspektiven

Sie ist ein Landkind. Heidi Heigl ist auf einem Bauernhof im Bayerischen Wald aufgewachsen und war schon immer ganz viel draußen unterwegs. Auch heute noch ist die Natur ihre „größte Gesundheits-, Kraft- und Inspirationsquelle", wie sie sagt. Inzwischen nutzt sie diese auch beruflich für ihre Tätigkeit als Personal- und Business-Coach. Ihr Credo lautet: Bewegung, frische Luft, Bäume, Grün, ein fließendes Gewässer, der Blick von einem Gipfel eröffnen neue Perspektiven – und das oft nachhaltiger, weil man mehr er-spürt und weniger erdenkt. Das funktioniert durchaus auch in kleinen Dosen – als „Glück to go" im doppelten Sinne: im Gehen und zum Mitnehmen. In Verbindung mit verschiedenen Hotels in der Region bietet die Trainerin Urlaubsgästen (und natürlich auch Einheimischen) Wandercoachings auf ausgewählten Wegen an. Wohin es geht? Die Ziele sucht sie nach den Themen aus, die bei den Kunden anstehen. Was sie erreichen möchte? Mehr Lebensfreude, Leichtigkeit und Gelassenheit in den Alltag bringen, neue Impulse geben, dafür sorgen, dass einen Lebensthemen nach der Auszeit nicht gleich wieder einholen. Ihre Methode: da sein, zuhören, die richtigen Fragen stellen, Impulse geben, damit die Mitgeherinnen und -geher unterwegs ihre eigenen Antworten finden. Dabei verbindet sie intensive Naturerlebnisse mit modernen Coaching-Methoden.

Wenn der Tag erwacht, machen wir uns – ohne Uhr und Smartphone – in gemächlichem Tempo auf den Weg hinauf zum Berg Lusen. Jahrelange Natur-Coaching-Erfahrungen bestätigen, dass beim Gehen etwas mit den Menschen geschieht. Status und Rolle werden unwichtig, ein echter Austausch wird erleichtert. Heigl kennt viele schöne Platzerl zum Innehalten und Rasten. Die Brotzeit bringt sie mit. Um Prozesse in Fluss zu bringen, ist manchmal die Nähe von Wasser hilfreich. Da entscheidet sich die Niederbayerin beispielsweise für eine Tour an der Ilz oder zur Wildbachklamm Buchberger Leite. Oder sie kombiniert Bach und Berg wie beim Mühlgrabenweg zum Hirschenstein.

- „Glück To Go" Heidi Heigl, Gaisbergstraße 14, 94469 Deggendorf, Tel. (01 70) 1 03 07 00, www.heidi-heigl.com

Eine heilige Ruhe

49 Der spirituelle Garten des Klosters Neustift

Nicht selten sind es gerade die leisen, eher kleineren Orte, an denen man oft überraschend großes Glück verspürt. Der spirituelle Garten des Klosters Neustift ist ein solcher Ort. Hier trifft man nicht auf Besucherströme, sondern hat diese Oase der Ruhe schon einmal für sich ganz allein. Es ist nicht laut, aber auch nicht still: Vögel zwitschern, Grillen zirpen und Bienen summen. Blumen, Kräuter, Bäume und Sträucher verströmen je nach Saison ihren betörenden Duft. Überall grünt, blüht, wächst und gedeiht Natur.
Doch der Klostergarten der Benediktinerinnen der Anbetung ist mehr als ein kleiner Park. Kunstobjekte und meditative Gedankeninseln, die „Natur", „Wasser", „Leseecken" oder „Sitzkreis" heißen, wollen die Besucher zum Innehalten anregen. Am Eingang ist vor einer Natur-Blumenwiese ein Areal als Kräutergarten angelegt – ausschließlich mit Pflanzen, deren Heilwirkung von Hildegard von Bingen beschrieben wurde. Die Kräuter werden von Schwester Benedikta Paulus gehegt und gepflegt, die gelernte Heilpraktikerin ist. Trifft man Schwester Benedikta bei der Arbeit an, gibt sie gerne Auskunft über die unterschiedlichen Anwendungsmöglichkeiten und die Heilwirkung von Gundelrebe (gegen Kraftlosigkeit), Krauseminze (Magen-Darm-Mittel), Quendel (gegen Hauterkrankungen und Ausschlag jeder Art) und Co. Drei umwachsene Nischen mit Sitzgelegenheiten bieten einen Rückzugsort zum ungestörten Lesen oder einfach nur Vor-sich-Hinschauen.
Im Zentrum hat der Bildhauer Werner Richter aus Eichenbrettern eine Gruppe von Figuren geschaffen, die er „Schutzmenschen – gemeinsam" nannte. Sie stehen eng zusammen. Auch der von einer Mauer umschlossene Klostergarten wirkt wie ein geschütztes Areal. Mit und in wenigen Schritten kann man der Hektik des Alltags entfliehen und in eine andere Welt eintauchen. Der spirituelle Garten ist auch ein schöner Rastplatz für die Pilger des europäischen Pilgerweges Via Nova. In seiner „Geistlichen Zelle" bietet das Kloster Übernachtungsmöglichkeiten an.

● Kloster Neustift, Klosterberg 25, 94496 Ortenburg, Tel. (0 85 42) 9 60 00
www.benediktinerinnen-der-anbetung.de

Schwitzen wie die Römer

50

Die Römersauna der Limes-Therme Bad Gögging

Wer die Andreaskirche durch das romanische Portal betritt, macht eine Zeitreise: zu den alten Römern und deren legendärer Badekultur. Denn an diesem Platz befand sich einmal das größte römische Heilbad Bayerns. Ein Teil der ehemaligen Schwefel-Therme ist heute im Römischen Museum für Kur- und Badewesen zu sehen. Es sind vor allem Relikte des Hauptbaderaums: das zentrale Becken, Einzelwannen sowie die Heizung (!): Mittels gemauerter Kanäle wurde die heiße Luft von zwei Feuerstellen unter den Boden und hinter die Wände geleitet.

Bereits zur Römerzeit wurde sozusagen der Grundstein für die Ausrichtung der späteren Gemeinde Bad Gögging als Kur- und Heilzentrum gelegt. Nachdem 1976 bei Bohrungen eine Thermalquelle entdeckt worden war, entstand das Erholungsbad Limes-Therme. Rund 1200 Quadratmeter Wasserfläche verteilen sich auf zehn Innen- und Außenbecken mit Mineral-Thermalwasser. Als einziger Kurort in Bayern verfügt Bad Gögging über drei Heilmittel: Schwefel, Moor und Thermalwasser.

Eine Besonderheit und ein Glücksort für alle, die es warm oder heiß lieben, ist die Römer-Sauna. Sie befindet sich im originalgetreuen Nachbau eines Limes-Turms mit römischem Badehaus. Hier wird auf mehr als 1500 Quadratmetern römische Saunakultur wie vor 2000 Jahren zelebriert. Die unterschiedlich temperierten Schwitzbäder heißen Laconicum, Sudatorium oder Caldarium, das Kalt-Tauchbecken Frigidarium, das Schwefelwasserbecken Impluvium und die Ruhebereiche Silentium. Mit Massagen kann man sich im Unctorium verwöhnen lassen. In der Arena-Sauna tritt zu festen Zeiten der Perfusor, begleitet von Licht- und Dufteffekten, zum Duft-, Eis- oder Menthol-Aufguss auf den Plan. Das hat Eventcharakter! In der Entspannungssauna Medusa-Grotte kann man bei einem Klangschalen-Aufguss den Alltag hinter sich lassen. In der Kräuterduft-Peeling-Sauna Assa Sudatio werden Peeling-Salze mit verschiedenen Aromen angeboten. Das ist Wellness für alle, die relaxen und zugleich etwas für ihre Gesundheit tun wollen.

TIPP

Die Ausgrabungsstätte des Römerkastells Abusina ist nur wenige Kilometer entfernt.

● Limes-Therme, Am Brunnenforum 1, 93333 Bad Gögging, Tel. (0 94 45) 2 00 90
www.limes-therme.de

Kunst und Bier

51 Der Kuchlbauer Turm in Abensberg

Viel Farbe, kunterbunte Säulen, goldene Zwiebeltürmchen, ungerade Linien und begrünte Dachterrassen sind sein Markenzeichen und Scharen von Menschen strömen in Wien Tag für Tag zu seinem „Hundertwasserhaus". Doch Friedensreich Hundertwasser hat nicht nur in Österreich Zeichen seiner Kreativität gesetzt, sondern auch das Wahrzeichen der Stadt Abensberg, den Kuchlbauer Turm, ersonnen. Im Auftrag von Brauerei-Chef Leonhard Salleck entstand auf dem Areal ein aufsehenerregendes Architekturprojekt. Der Unternehmer wollte einen Ort erschaffen, der dem bayerischen Bier und dessen Braukunst gewidmet ist – geografisch in der Mitte von allem gelegen, was für das weiß-blaue Nationalgetränk wichtig ist: das Reinheitsgebot, das 1516 in Ingolstadt erlassen wurde, die älteste Klosterbrauerei der Welt in Weltenburg, die wichtigsten Anbaugebiete für Weizen, Gerste und Hopfen. Der erste Entwurf stammte von Hundertwasser selbst. Nach dessen Tod im Jahr 2000 wurde der Turm durch seinen Freund und Architekten Peter Pelikan weitergedacht und vollendet. 2010 wurde er eröffnet und ist seither ein Touristenmagnet. Das 35 Meter hohe Bauwerk ermöglicht fulminante Durch- und Ausblicke in die Landschaft. Über Treppen und einen Fahrstuhl gelangt man auf die Aussichtsplattform. Im Keller kann man die mit etwa 4200 Exemplaren größte Weißbierglas-Sammlung der Welt bestaunen.

TIPP
Ein Highlight im Advent ist die Turmweihnacht.

Für alle Hundertwasser-Fans ein veritabler Glücksort ist auch das nahe gelegene KunstHausAbensberg samt schrägem Turm und schiefen Wänden. Es ist dem Leben und Werk des Ausnahmekünstlers gewidmet und wurde ebenfalls von Pelikan geplant und gestaltet. Auf zwölf Ebenen, die man über eine überdimensionale Wendeltreppe erreicht, kann man Originalgrafiken, Skizzen, Pläne und Modelle von einzelnen Projekten bewundern. Symbolisch trägt der vergoldete Stamm eines über 50 Jahre alten Nussbaums die verschiedenen Etagen des Gebäudes wie seine Äste. Im Keller gibt es sogar ein Kino. Der Weißbierbrauer Kuchlbauer existiert bereits seit 1300.

- Kuchlbauer Turm und KunstHausAbensberg, Römerstraße 5–9, 93326 Abensberg, Tel. (0 94 43) 9 10 10, www.kuchlbauer.de
- ÖPNV: Bf. Abensberg, ca. 5 Min. Fußweg

Fragile Schönheit

52

Die Kristallglasmanufaktur Theresienthal

„Fein Glas und gut Holz sind Zwiesels Stolz“, hieß es früher einmal. Dieses alte Sprichwort drückt aus, worauf sich die Menschen in der Region jahrhundertelang verlassen konnten: auf den Wald und die dadurch erst möglich gewordene Glasproduktion. Sehr viel ist davon nicht übriggeblieben. In vielen Glashütten gingen in den vergangenen Jahren die Lichter für immer aus. Nicht so in der Kristallglasmanufaktur Theresienthal, die nach einer wechselvollen Geschichte seit 2006 von Max von Schnurbein geleitet wird – einem ehemaligen Banker mit Zwieseler Wurzeln und einem Faible für Glas. Die Manufaktur wurde 1836 auf Initiative von König Ludwig I. gegründet und nach dessen Frau Therese von Sachsen-Hildburghausen benannt. Der klangvolle Name steht bis heute für edelste Glasqualität und sorgt für Aufträge aus der ganzen Welt. Die frühere Bundeskanzlerin Angela Merkel ließ bei Staatsbesuchen gerne Produkte made in Zwiesel überreichen.

Im Verkaufsraum der Manufaktur funkelt und glitzert es golden bis bunt. Hier findet man nicht nur erste, sondern auch die günstigere zweite Wahl (mit für Laien kaum erkennbaren Fehlern). Fakt ist: Wer sich an gehobener Tischkultur und Handwerkskunst erfreuen kann, den machen diese Gläser bestimmt glücklich. In Theresienthal entstehen Luxusprodukte ausschließlich in Handarbeit. Beginnend mit dem Drechseln der Holzmodel über das Einblasen des Glases, das Modellieren des Stiels, das Anbringen der Glasapplikationen, das Bearbeiten des Mundrandes bis zur Gestaltung von Gravuren, Malereien oder der Vergoldung: Alle Schritte finden vor Ort statt. Auf farbigen Gläsern tummeln sich Tiere. Bei der Serie „Kilimandscharo“ sind es Giraffen, Zebras, Löwen oder Elefanten; bei der Modellreihe „Planet Earth“ Bienen, Wale oder Aras. Produkt-Klassiker sind die zeitlos schönen „Bacchus“-Becher mit Rosetten und Radelbändern in sechs Farben. Die Abläufe in der Hütte unterliegen einer faszinierenden Choreografie – wie man gut beobachten kann. Und spätestens dann springt der Funke über.

TIPP

Das Theresienthaler Museumsschlösschen birgt eine der schönsten Glassammlungen der Welt.

● Kristallglasmanufaktur Theresienthal, Theresienthal 25, 94227 Zwiesel, Tel. (0 99 22) 50 09 30, www.theresienthal.de

Im Reich der Kerzen

53 Ein Besuch bei Wiedemann in Deggendorf

Auch wenn immer öfter Varianten mit LED die klassische Dochtkerze ersetzen, hat Letztere nichts von ihrer Faszination verloren. Traditionelles Kerzenlicht steht für ein stimmungsvolles Ambiente, für Wärme, Ruhe und Geborgenheit – und es riecht gut. Öffnet man die Tür zum Verkaufsraum der Kerzenfabrik Wiedemann, wird man sofort von einem angenehmen Wachsgeruch eingehüllt. Prompt denkt man an gemütliche Kuschelabende daheim, Sommernächte auf der Terrasse oder romantische Dinner im Kerzenschein. Von Weiß über Sonnenorange bis Dunkelgrün, Silber und Gold: Hier stehen sie in nahezu allen erdenklichen Formen, Farben und Größen: Duftkerzen, Flachkopfkerzen, Stumpenkerzen, Marble-Rustik-Kerzen, die (auch innen) „durchgefärbt“ sind und besonders schön leuchten, Kugel-, Spitz-, Stab- und Tafelkerzen, Kerzen in Tier- oder Baumform oder als Wichtel. Doch das Angebot ist noch viel größer. Auf Bestellung können innerhalb von wenigen Tagen Kerzen in 60 Größen und 50 Formen gefertigt werden. Die Deggendorfer gehören zu den wenigen Kerzenherstellern, die noch in Deutschland produzieren. Und sie brennen dafür – seit 1861, als Ludwig Wiedemann die Firma als Lebzelterei und Wachszieherei gründete. Heute wird sie von Juliane Wiedemann in der sechsten Generation geleitet.
Das Unternehmen bewahrt die Tradition des Kerzenziehens und -verzierens. Neben der maschinellen Produktion gibt es eine Manufaktur. Gerade zu besonderen Lebensereignissen wie Taufe, Kommunion oder Hochzeit sind individuelle Kerzen mit persönlichen Motiven und Schriften wieder sehr gefragt. Hier entstehen auch die hochwertigen Duftkerzen im Glas. Es gibt sie in 18 verschiedenen Varianten. Sie heißen englisch vornehm „Baked Apple“, „Clementine Sunrise“, „Prosecco Rose“ oder „Lavender Fields“.
Für Gruppen bietet die Kerzenfabrik auch Führungen an. Dort kann man vom Schmelzen des Paraffins über die Formgebung bis zur Verzierung der Kerze per Hand die einzelnen Produktionstechniken und Fertigungsschritte live erleben.

● Wiedemann Kerzen, Schedlhofstraße 6, 94469 Deggendorf, Tel. (09 91) 37 07 00
www.wiedemann-kerzen.de

Wiedemann
1861

Die Kneipp-Hochburg

54

Altes Wissen neu belebt in Haidmühle

Wenn ein Ort eng mit dem ganzheitlichen Gesundheitskonzept von Sebastian Kneipp verbunden ist, dann ist es Bad Wörishofen im Unterallgäu. Dort lebte und wirkte der legendäre Kräuterpfarrer und Naturheilkundler (1821–1897) mehr als 40 Jahre lang – und machte die Stadt weithin bekannt. Geht es nach Heinz Scheibenzuber, dann soll „seine" Gemeinde Haidmühle im Bayerischen Wald zu einer neuen Kneipp-Hochburg werden. Die Weichen dafür hat der Bürgermeister gestellt und die Planungen mit einem Expertenteam realisiert. Er ist überzeugt, dass die Lehre Kneipps alles andere als altmodisch ist und dass die Region die besten Voraussetzungen bietet, diese umzusetzen – nach der Kneipp-Devise „Die Natur ist die beste Apotheke". Die Naturlandschaft im Dreiländereck bietet in der Tat die perfekte Kulisse. Wenn die Corona-Pandemie etwas Gutes hatte, dann wäre zu nennen, dass sich der Fokus wieder mehr auf das Regionale gerichtet hat. In Zeiten, in denen wenig(er) gereist wird, entdeckt man gerne neue Glücksorte in der Heimat.

Die Kneipp-Philosophie mit den fünf Säulen Wasser, Lebensordnung, Heilpflanzen, Ernährung und Bewegung wird in Haidmühle schon lange gelebt: im Kneipp-Kindergarten Bischofsreut und durch einen aktiven Kneipp-Verein. Im Gemeindegebiet gibt es sieben Kneipp-Anlagen mit unterschiedlicher Ausrichtung. In Schwarzenthal etwa wurde eine Anlage an einem Waldrand neben einem Wasserrad geschaffen. Das klassische Tretbecken ist den Elementen Wasser und Bewegung gewidmet. Drumherum werden Sport- und Bewegungskurse sowie Kneipp-Wanderungen angeboten. Mit dem Ausblick auf den Hangmoor-Weidekomplex und die Bergwiesen der Rodungsinsel Schwarzenthal kann man auch formidabel entspannen. Ruheplätze inmitten von Wiesen und Bäumen laden dazu ein. Die Familien-Kneipp-Anlage in der Mitte von Haidmühle mit parkähnlichem Garten, Kräuterbeeten, einem zweiläufigen Wassertretbecken, einem Armbecken und einem Fußfühlpfad grenzt an den Spielplatz und ist auch für ältere Menschen barrierefrei gut zu erreichen.

TIPP

Es lohnt sich, die einzigartige Landschaft der Bischofsreuter Waldhufen zu erwandern.

● Tourist-Info, Dreisesselstraße 12, 94145 Haidmühle, Tel. (0 85 56) 972 63 20
www.haidmuehle.eu/kneipp

Im Takt mit der Natur

55 Hofladen und -café Röll in Sandharlanden

Ein Besuch auf dem Vierkanthof der Familie Röll macht in mehrfacher Hinsicht froh. In der Spargelregion Abensberg hat die Familie ein Alleinstellungsmerkmal. Sie deckt ihre Felder nicht mit Folie ab. Mit Blick auf die Wettbewerber bedeutet dies zum Teil finanzielle Einbußen, weil oft erst später mit der Ernte begonnen werden kann. Doch es gibt viele Kunden, die gerade diesen plastikfreien Anbau schätzen. Für die junge Spargelbäuerin Veronika Röll ist der Verzicht auf Folie aber eine Selbstverständlichkeit. Denn sie versucht so weit wie möglich im Einklang mit der Natur zu leben und zu arbeiten.

Dass sie (so schnell) auf den Hof der Familie zurückkehrt, hatte die gelernte Floristin und Hauswirtschafterin nicht geplant. Doch dann wurde ihr Vater schwer krank und verstarb. Die Tochter übernahm mit 27 Jahren den Betrieb und entwickelte ihn weiter. Wie viel Freude ihr das bereitet, ist offensichtlich. Genau an diesem Ort fühlt sie sich richtig, weil sie hier ihre vielen Talente ausleben kann. Im liebevoll dekorierten Hofladen kann man nicht nur kaufen, was gerade auf den Feldern wächst. Neben Spargel bauen die Rölls auch Erdbeeren und viele verschiedene Gemüse an. Es geht einem das Herz auf, wenn man all die hübsch gestalteten Gläser und Flaschen sieht, die mit eigenen Produkten gefüllt sind: Suppen, Soßen, Eingelegtes wie Paprika süßsauer, Essiggurken oder Rote-Rüben-Salat, Säfte, Sirup, Liköre, Marmelade oder „Brotzeit im Glas“. Für die selbst gebackenen Kuchen, Torten, Rohrnudeln oder Kiachl und das Brot kommen die Leute schon mal von weiter her.

Das Café bietet Platz für 65 Personen und hat 40 Sitzplätze auf der Terrasse. Alle süßen Köstlichkeiten – es gibt auch Frühstücksvariationen und Brotzeiten – sind made by Vroni und Mama. Wenn die Inhaberin die Besucher über den Hof führt, fühlt man sich im Nu von ihrem Enthusiasmus für gutes Essen infiziert. Davon konnte sie 2021 die Fernsehzuschauer auch durch ihre Teilnahme an der beliebten Serie „Landfrauenküche“ überzeugen.

● Familie Röll, Waldstraße 1, 93326 Sandharlanden, Tel. (0 94 43) 20 23
www.hofladen-roell.de

Ein ganz spezielles Schiff

56

Mit dem „Barefoot Boat" die Donau hinab

Wenn Sie an ein Ausflugsschiff denken, haben Sie vielleicht Klischees in punkto Ausstattung im Kopf – so in die Richtung rote Plastiksitze und x-beliebige Tische? Das „Barefoot Boat" ist da ganz anders. Es gehört seit 2020 zur Flotte der Donauschifffahrt Wurm & Noé. Erdacht wurde es von Schauspieler Til Schweiger. Das Schiff wirkt viel eher wie ein helles, modernes Restaurant, das in Weiß sowie in dezenten Braun- und Grautönen gehalten ist. Bei den Materialien dominieren außen wie innen Holz (von einem Schreiner wurde dafür unter anderem Material aus steirischen Almhütten liebevoll aufbereitet), außerdem geflochtener Korb und Leinen. Das 66 Meter lange Schiff ist kein Neubau, sondern kann im wahrsten Sinne des Wortes auf eine bewegte Geschichte zurückblicken. Es entstand 1899 in Budapest als Schleppkahn und wurde 1978 zum Fahrgastschiff „MS Johanna" umgebaut. Durch den dritten Umbau wurde es dann zum „Barefoot Boat by Til Schweiger". Bis zu 300 Passagiere finden hier Platz. Til Schweiger spielt auf dem Schiff mehrere Rollen, nicht nur als Ideen- und Namensgeber, sondern auch in dem Beruf, durch den man ihn kennt: In der Toilette (!) ist er in mehreren Bilderrahmen in einigen seiner Filme zu sehen. Eine oberfränkische Brauerei hat sogar ein Schweiger-Bier, das „Tils", entwickelt. Das „Barefoot Boat" hat auch eine (eifrig genutzte) Selfie-Box und einen Shop an Bord.

TIPP

Das Schütz Art Museum in Engelhartszell lohnt allein schon durch seine Lage am Donauufer einen Besuch.

Der Heimathafen ist Passau. Von hier aus schippert man – vergnügt und kulinarisch verwöhnt – donauabwärts ins oberösterreichische Engelhartszell. Die Fahrt dauert etwa vier Stunden. Ein Höhepunkt ist die Durchquerung der Schleuse in Jochenstein. Mit dem Barefoot Boat kann man sich aber auch die Dreiflüssestadt bei einer Rundfahrt vom Wasser aus anschauen.

Ob für eine Feier, eine Hochzeit oder sonstige Veranstaltungen – das Boot ist auch zu mieten. Der Kunde wird dann zu einem glücklichen Kapitän. Er nimmt das Steuer quasi selbst in die Hand und plant mit der Reederei Abfahrtsort, -zeit sowie die Dauer der Fahrt.

- Donauschifffahrt Wurm & Noé, Höllgasse 26, 94032 Passau, Tel. (08 51) 92 92 92 www.donauschifffahrt.eu/barefoot-boat-cruises-passau
- ÖPNV: Bf. Passau, ca. 15 Min. Fußweg zur Anlegestelle an der Donau

Die gläserne Eismanufaktur

57

Anders als andere: Das Chocolat in Landshut

Wenn es um Süßes geht, ist Olaf Minet in Landshut die erste Adresse. In seinem „Chocolat" stellt er in einer gläsernen Manufaktur allein etwa 90 verschiedene Pralinensorten her. Dafür hat er mit einem Pariser Labor sogar eine eigene Kuvertüre entwickelt. Das Geschäft in der Neustadt ist ein Glücksort für alle, die ein Faible für Petits fours, Macarons, Schokoladiges, Desserts – und seit einigen Jahren auch für exquisite Eisspezialitäten – haben. Als der weitgereiste Koch vor einigen Jahren beschloss, auch Eis zu produzieren, wusste er eines sofort: Er wollte etwas anderes anbieten als die Wettbewerber. Die hohe Kunst des Eismachens lernte er in der Eisfachschule des Buchautors Uwe Koch. Minet wollte nur Produkte in höchster Qualität, mit besten Zutaten und einem hohen Fruchtanteil (bis zu 100 Prozent) anbieten – Vanilleeis mit Vanille und keinem Vanillin, Stracciatella mit echter Schokolade, Pistazieneis mit Pistazienmark ohne Farbstoffe, Orangeneis mit selbstgepresstem Saft aus Früchten, die er direkt aus Mallorca importiert. Die Frischmilch bezieht er von einem Bauern aus der Region. Früchte und Kräuter stammen vom Wochenmarkt direkt vor der Tür. Dafür nimmt seine Kundschaft auch gerne den etwas höheren Preis pro Kugel in Kauf. Apropos Kugel: Im Chocolat gibt es auch cooles Eis am Stiel. Das Manufaktur-Modell hat der passionierte Patissier auch auf seine eiskalten Köstlichkeiten übertragen. Weil der Entstehungsprozess so transparent wie möglich sein soll, werden auch alle Trockenzutaten präsentiert, die bei der Herstellung zum Einsatz kommen. Und wer ganz besonders viel Glück hat, der darf sogar einen Löffel Eis frisch aus der Maschine probieren.

Vanille, Erdbeer und Schokolade sind begehrte Klassiker. Auch „Obstsorten" wie Passionsfrucht, Mango oder schwarze Johannisbeere haben viele Fans. Doch Minet und seinem Team bereitet es Freude, neue Sorten zu kreieren – wie etwa Lakritz, Blaubeer-Lavendel oder Bier und immer wieder zu Themen wie der Landshuter Hochzeit.

TIPP

Das Chocolat bietet Kurse rund um die Speiseeisherstellung an.

● Chocolat, Neustadt 442, 84028 Landshut, Tel. (08 71) 3 19 85 26
chocolat-manufaktur.de

● ÖPNV: ab Bf. Landshut Bus 3 oder 6 bis zur Altstadt, dann zu Fuß durch die Rosengasse zur Neustadt

Ein Hauch von Afrika

58 In Waldhäuser auf Theuerjahrs Spuren

Das Bergdorf Waldhäuser am Fuße des Lusen übt eine große Faszination aus – auf Naturliebhaber und auf künstlerisch tätige sowie kunstbegeisterte Menschen. Es ist die Ruhe des Bayerischen Waldes und der sensationelle Rundblick von 1000 Meter Höhe, die Kraft geben und inspirieren. Der Bildhauer, Maler und Grafiker Heinz Theuerjahr (1913–1991) hatte sich 1940 angesiedelt und lebte bis zu seinem Tod hier. Er ist vor allem für seine Tierdarstellungen bekannt, bei denen es ihm getreu dem Motto „Die knappste Aussage ist die beste" weniger um eine exakte Nachbildung als um die Essenz ging. Theuerjahr beschäftigte sich nicht nur mit einheimischen Tieren, sondern suchte auf insgesamt 14 Afrika-Reisen auch den intensiven Kontakt zur Fauna des „schwarzen Kontinents". Waldhäuser war der Ort, an dem er sich geborgen fühlte, wo er die direkte Rede der Einheimischen schätzte, wo er immer wieder berührt war von dem Weitblick.

Theuerjahrs ehemaliges steinernes Atelier-Wohnhaus ist heute ein Museum. Das Schöne daran: Das Haus wurde nicht ausgeräumt und umgebaut, sondern befindet sich „in dem Zustand, in dem die Eltern es verlassen haben", erzählt Sohn Hans-Georg Theuerjahr. Seine Mutter verstarb 1993. Und so erzählt das Haus die Geschichte eines besonderen Mannes, der sein Leben der Kunst gewidmet hatte. Die Familie Theuerjahr kümmert sich um das Museum und die Galerie „Arche" im Nebengebäude.

Draußen vor dem Haus erinnert ein Skulpturengarten mit 22 Originalplastiken aus Bronze an den Grenzgänger zwischen dem Bayerwald und Afrika. Die Wege wurden vom Freundeskreis Heinz Theuerjahr e. V. nahezu ohne Eingriffe in die Natur angelegt. Auerhahn, Hyäne, Affe, Elefant, Antilope und Co. thronen auf Felssockeln. Hier gibt es viele Wanderwege – hinauf zum Lusen oder über den Archepfad bis zur bekannten Glasarche. Und für so manchen gibt es nichts Beglückenderes, als auf einem Bankerl den Sonnenuntergang mit Blick auf die fantastischen Tierfiguren und das atemberaubende Panorama zu genießen.

● Museum und Galerie Theuerjahr, Lusenstraße 41, 94556 Neuschönau-Waldhäuser, Tel. (0 85 53) 97 90 07, www.theuerjahr.de

Liebe als Grundzutat

59

Die BackLiesl in Riedenburg-Prunn

Jeden Freitag weht der köstliche Duft von frischgebackenem Brot durch die Marktgemeinde Prunn. Er kommt aus der kleinen Backstube von Elisabeth Buchdrucker. Die befindet sich im Erdgeschoss ihres Wohnhauses. Da werkelt die leidenschaftliche Bäckerin ganz alleine und stellt Backwaren ausschließlich aus Bio-Produkten her. Das Mehl für ihre Köstlichkeiten bezieht sie von einer Bio-Mühle im Oberpfälzer Wald, außerdem alte Getreidesorten wie Kamut oder Emmer. Viel geschieht hier in Handarbeit. Es gibt nur eine Knetmaschine und natürlich den Ofen. Die Rezepturen stammen aus ihrer Lehrzeit und auch aus ihren „Wanderjahren", die sie bis nach Neuseeland geführt haben. In insgesamt zwölf Bäckereien hat Buchdrucker gearbeitet und bei einem französischen Bäcker gelernt, wie man feinste Baguettes und Croissants herstellt.

Ab Mittag sitzen Kundinnen vor der Backstube auf einer Bank, unterhalten sich und warten, bis ihr Brot fertig ist. Die Bäckerin lässt sich gerne bei der Arbeit zuschauen. Etliche Brote und andere Backwaren hat sie fest im Angebot, sie probiert aber immer wieder gerne etwas Neues aus. Die skandinavische Spezialität Kanelbullar mit Zimt und Kardamom ist längst ein Renner. Eines steht fest: In dem Ein-Frau-Betrieb gibt es keine Standardware, sondern beste Handwerksprodukte mit Liebe und Leidenschaft als Grundzutaten. Buchdruckers Motto lautet: „Gutes Brot braucht Zeit." Dies gilt für die Herstellung samt häufiger Ruhezeiten für den Teig und die Phase nach dem Ausbacken. Für die Riedenburgerin ist Brot ein Lebensmittel, das man mit allen Sinnen genießen sollte: das Aussehen, den Geruch, den Geschmack. Ob Semmeln, Käsebutzis, Ciabatta, Liesls Mühlenstollen im Winter, Dunkelbier-Laib, Dinkelvollkorn-, Walnuss- oder Roggenschrotbrot – auf ihrer Homepage ist bei jedem Produkt vermerkt, wann es fertig ist und abgeholt werden kann. Um besser planen zu können, freut sie sich über Vorbestellungen. Ansonsten muss man damit rechnen, dass das gewünschte Brot ausverkauft ist.

TIPP

Die Burg Prunn gehört zu den schönsten Ritterburgen in Bayern.

BackLiesl, Prunner Bergstraße 19, 93339 Prunn bei Riedenburg,
Tel. (0 94 42) 9 21 67 37, www.backliesl.bio

Backliesl

Raum für Künstler

60 Das Gut Eglsee – selbst ein Kunstwerk

Das Gut Eglsee in der Nähe von Straubing ist ein außergewöhnlicher Ort – und das gleich in mehrfacher Hinsicht. Für die Agrartechnik und den modernen Pflanzenbau hatte es stets eine Vorbildfunktion. Hier kam der erste Dampfpflug in Bayern zum Einsatz und hier fuhr der erste Mähdrescher. Doch die Eigentümerfamilie Carl Beckmann in Bayern setzt sich– inzwischen bereits in der fünften Generation – nicht nur für nachhaltig produzierte regionale Waren ein, sondern kümmert sich auch intensiv um Kunst und Kultur. Wer zu Fuß oder mit dem Rad rund um das Gut unterwegs ist, kann das an den zahlreichen Kunstwerken im öffentlichen Raum erkennen.

Doch auch das Gut selbst wurde bereits des Öfteren zum Kunstwerk, denn hier haben immer wieder Künstler gelebt und gewirkt. An dieser Tradition hält die Familie bis heute fest und stellt regionalen Kunstschaffenden Ateliers zur Verfügung. Regine Herzog ist eine von dreien. Die mehrfach ausgezeichnete Malerin und Bildhauerin hat seit 2019 auf dem Gut ihre künstlerische Wirkungsstätte; im „Brotberuf" arbeitet sie als Kunsterzieherin an einem Gymnasium. In zwei großen Räumen der früheren Spiritusbrennerei findet Herzog die Ruhe und Muße sowie den Platz, um ihrer Kreativität freien Lauf zu lassen. Für die Wahl-Niederbayerin aus der Oberpfalz ist das Gut der Ort, der ihr die Möglichkeit gibt, ihre Kunst weiterzuentwickeln. Herzog malt herzerwärmende farb- und lichtintensive, eigentlich immer menschenleere Landschaften. Ihre Motive sind Rapsfelder, Berge, Winterlandschaften, Strohballen und Windräder. Als Vorlage dienen fotografische Skizzen der regionalen Kulturlandschaften. In ihren Skulpturen setzt sich Regine Herzog dagegen, nicht selten augenzwinkernd, mit unterschiedlichen Menschen-, vor allem Frauentypen auseinander. Die meist flächig bemalten Skulpturen fertigt sie aus Eiche oder Linde. Ob Bilder oder Skulpturen in verschiedenen Größen – das Atelier auf Gut Eglsee ist nicht nur ein Schaffensraum, sondern auch der ideale Platz, um ihre Kunst zu genießen.

- Regine Herzog, Tel. (01 79) 7 37 41 95, www.regineherzog.de
- Gut Eglsee 3, 94315 Straubing, www.gut-eglsee.de

Biathlon für jedermann

61

Das Hohenzollern Skistadion am Arber

Gehören Sie auch zu den Biathleten, die den Sport als Fernsehzuschauer auf der Couch ausüben? Und das vorwiegend mit Worten, soll heißen: mit mehr oder weniger qualifizierten Kommentaren zu den Leistungen von Denise Hermann, Benedikt Doll und Co.? Im Hohenzollern Skistadion am Arber haben Sie die Möglichkeit, am eigenen Körper zu spüren, was die Profis leisten (um vielleicht dann weniger hart mit ihnen ins Gericht zu gehen). Bei einem Schnupperkurs oder Workshop kann man lernen, wie man ein Biathlon-Kleinkalibergewehr richtig hält und erfahren, wie schwer es ist, gerade im Liegen Treffer zu erzielen. Die erste große Überraschung: Die Zielscheiben sind ja ewig weit weg! 50 Meter! Im Fernsehen sieht man das gar nicht. Und wie Hände, Arme, Schultern – eigentlich alles – zittert. Wie mag das erst sein, wenn man sich vom Rennen ausgepumpt, mit brennenden Oberschenkeln zur Ruhe bringen muss und der Puls rast!

Josef „Sepp" Schneider, der Chef von Schneider Events, hat dieses Angebot 2008 ins Leben gerufen – und hätte niemals mit so einer großen Resonanz gerechnet. Die Teilnehmerinnen – es sind fast mehr Frauen – kommen aus ganz Deutschland. Die Kursteilnahme ist mit keinen Vorgaben verknüpft. Man muss weder schießen noch Ski fahren bzw. langlaufen können. Und so stehen nicht wenige zum ersten Mal auf (Langlauf-)Skiern und kämpfen mit der ungewohnten Fortbewegung. Schneider sagt stolz: „Wir haben noch jeden zum Skaten gebracht." Um die Technik zu lernen, kann man sich kaum einen erfahreneren Trainer vorstellen. Schneider war 19-facher deutscher Skilanglaufmeister, nahm zweimal an Olympischen Spielen teil und viermal an Nordischen Skiweltmeisterschaften.

Glücklich und stolz sind die Amateure, wenn sie die Herausforderungen gemeistert haben, geskatet sind und ins Schwarze getroffen haben. Im Bayerischen Wald lernen die Biathlon-Fans aber nicht nur die Praxis kennen, sondern erfahren auch viel über die Theorie. Eines steht fest: Die Profis sehen sie jetzt mit anderen Augen.

TIPP

Biathlon-Kurse finden auch im Sommer statt, dann auf Skirollern.

- Schneider Events, Biathlon für jedermann im Hohenzollern Skistadion, Arberseestraße 40, 94252 Bayerisch Eisenstein, Tel. (01 71) 6 36 65 32 www.schneider-events.de
- ÖPNV: ab Bf. Bayerisch Eisenstein Bus 6081, Haltestelle Arber Bergbahn Talstation

EVENTS
ARBERLAND
29
28
SCHNEIDER EVENTS
Josef

Duftende Schätze

62 Das neue Kloster Furth bei Landshut

Die Ordensbrüder des Maristenklosters Furth haben Weitblick bewiesen. Während andere Klöster ihre Pforten schließen, wenn der letzte betagte Bewohner verstorben ist, wurden hier frühzeitig die Weichen für ein zukunftsweisendes Konzept gestellt. Es wurde in kongenialer Zusammenarbeit mit der Kommune entwickelt. Nur etwa 20 Prozent des Areals haben die Ordensbrüder für sich behalten. Sogar die Kirche wurde an die Gemeinde verkauft und in einen Bürgersaal umgewandelt. Unterhalb des ehemaligen Kirchengebäudes entstand ein langgezogenes Multifunktionsgebäude mit einem Seminar- und Schulungszentrum samt Mini-Hotel und dem Klosterbräustüberl mit einer Hausbrauerei. Die 500-Liter-Brauanlage wird von der Further Klosterbier GmbH, einer Tochter der Schlossbrauerei Hohenthann, betrieben. Der junge Braumeister Moritz Kärcher orientiert sich an alten Aufzeichnungen und interpretiert sie mit neuer Technik. Mit viel Handarbeit wird naturtrüber Gerstensaft gebraut. Das Bierbrauen hat an diesem Ort eine lange Tradition. Zurückverfolgen kann man die Geschichte bis zum „Confirmationsbrief" von 1621, der dem damaligen Lehnsherrn das Braurecht bestätigte.

In einem Seitentrakt des neuen Gebäudes hat die klösterliche Schau-Destillation St. Josef eine neue Heimat gefunden. Die Kräuterkammer ist ein geschreinertes Meisterwerk. Aus mehr als 30 Kräutern und Wurzeln – zum Teil bauen sie die Klosterbrüder an einem geheimen Ort in der Nähe an – werden seit 1857 das Kräuterdestillat „Arquebuse", der Likör „Hermite" und seit jüngerer Zeit auch der „Maristiner mit Honig" hergestellt. Die Originalrezepte kennen nur der Destillateur und sein Stellvertreter. Sie werden in einem Safe aufbewahrt. Das Klosterrezept von Arquebuse erlaubt nur den Hinweis auf einige der Ingredienzen wie Kamille, Melisse, Pfefferminz oder Kalmus.

Die Umwidmung eines großen Teils des Klosters bedeutet ein wahres Glück: nicht nur für den Orden, sondern auch für die Besucher und Gäste. Denn vieles, was hier gelebt wurde und wird, bleibt.

- Seminar- und Schulungszentrum Kloster Furth, Am Klosterberg 1, 84095 Furth, Tel. (0 87 04) 9 28 28 19, www.kloster-furth.de
- ÖPNV: ab Bf. Landshut Bus 6234 oder 6240, Haltestelle Maristen-Gymnasium Furth, ca. 5 Min. Fußweg

Von Hand gerollt

63 Cigarrenfabrik Wolf & Ruhland in Perlesreut

Nicht wenige (durchaus auch Nichtraucher) träumen von einem Urlaub auf Kuba – nicht zuletzt, um dort einmal in den Dunstkreis einer Zigarrenmanufaktur einzutauchen, um zu sehen, wie Zug um Zug aus braunen Tabakblättern Zigarren entstehen. Dabei müssen sie gar nicht weit reisen, um dies live zu erleben. Im Bayerischen Wald, in Perlesreut, gibt es die Zigarrenmanufaktur Wolf & Ruhland, in der seit 1912 von Hand gerollt wird. Vor dem Zweiten Weltkrieg hatte das Unternehmen noch 170 fast ausschließlich weibliche Beschäftigte. Heute sind nur noch wenige Mitarbeiterinnen an Bord. An der Herstellung hat sich allerdings in über 100 Jahren nichts geändert. Die Tabakblätter werden mit Zigarrenkleber aus Stärke und Wasser bepinselt und der Länge nach in Teile geschnitten. Damit wird der „Wickel", das Innenleben der künftigen Zigarre, ummantelt. Die Wickel für manche Sorten werden ebenfalls in Handarbeit hergestellt. Die wenigen Gerätschaften wie die Zigarrenpresse stammen zum Teil noch aus der Gründungszeit der Firma.

Cornelia Stix führt das Unternehmen in der dritten Generation und wird dabei von ihrer Familie unterstützt. Obwohl sie im Hauptberuf als Lehrerin arbeitet, sitzt sie gerne am Rollbrett. Sie zündet sich auch selbst mal eine Zigarre an und liebt es, Kunden und Besuchern die Tradition der Manufaktur und die hohe Qualität ihrer Produkte nahezubringen. In Perlesreut werden Zigarrillos, Zigarren, Virginias oder Toccata Torpedos mit handbeschrifteten Banderolen hergestellt. Die Virginia ist das Markenzeichen der Manufaktur. Sie ist auch der Favorit der Chefin, „weil sie nach Geräuchertem und Honig riecht, irgendwie nach Bayerischem Wald".

Längst erlebt die Zigarre als Genussmittel eine Renaissance und in Perlesreut setzt man auf Klasse statt Masse – aus edelsten Tabaken, die die Manufaktur aus Übersee bezieht. Die Tabakmischungen sind geheim. Für Stix besteht eine Qualitätszigarre „nur aus hochwertigem Tabak, einem natürlichen Leim und Wasser als Hilfsmittel". Und das soll auch so bleiben.

● Wolf & Ruhland – Cigarrenfabrik, Marktplatz 15, 94157 Perlesreut, Tel. (0 85 55) 94 10 86, www.wolf-und-ruhland.de

Kultiger Drehort

64 Der Eberhofer-Kreisel in Frontenhausen

Wer hätte das gedacht, dass ein Verkehrskreisel einmal Kult wird? Dass Besucher von weit her kommen, um rundherum Selfies zu machen? Nicht wenigen Einheimischen ist der Run immer noch ein wenig suspekt. Die Rede ist von Frontenhausen, dem Drehort der beliebten „Eberhofer-Krimis" von Bestseller-Autorin Rita Falk. Im Film heißt die Marktgemeinde Niederkaltenkirchen. Hier lebt der grantige Polizeihauptmeister Franz Eberhofer, nach dem der Kreisverkehr am Ortseingang benannt wurde. Ihm und der anderen Hauptfigur, „Dorfsheriff" Rudi Birkenberger (gespielt von Simon Schwarz), wurde hier ein Denkmal aus Stahl in Lebensgröße gesetzt. Doch wenn sie schon einmal da sind, wollen die Film-Touristen mehr sehen. Vom Kreisverkehr aus sind es nur 100 Meter in den Ort. Dort besuchen Provinzkrimi-Fans die Metzgerei Stadler (im Film: „Simmerl"), in der der Eberhofer (gespielt von Sebastian Bezzel) seine heißgeliebten Leberkässemmeln kauft. In der Bäckerei Schleich nehmen sie sich gern eine Niederkaltenkirchen-Tasse als Souvenir mit. Dann gibt es noch weitere wichtige Schauplätze: das Haus von Susi („dem Eberhofer sein Gspusi") beispielsweise oder den „Gasthof zur Post".

TIPP

Das „Bodheisl" ist eines der letzten Flussbäder Bayerns.

Lange Zeit war es gar nicht so leicht, „Niederkaltenkirchen" – Frontenhausen – zu finden. Doch weil so oft danach gegoogelt wurde, lotst einen der Routenplaner der Suchmaschine jetzt automatisch nach Frontenhausen, wenn man Niederkaltenkirchen eingibt.

Sie heißen „Winterkartoffelknödel", „Grießnockerlaffäre", „Kaiserschmarrndrama", „Sauerkrautkoma", „Dampfnudelblues" oder „Guglhupfgeschwader": Der Hype – vor allem, wenn ein neuer Film in den Kinos anläuft – ist so groß, dass es inzwischen sogar einen kleinen Parkplatz am Kreisel gibt, damit die Leute ihr Fahrzeug vernünftig zum Fotografieren abstellen können. Manche können zum Leidwesen der Hiesigen auch gar nicht genug bekommen vom Kreisen im Kreisel. Sie kommen mit dem Fahrrad, mit dem Motorrad, mit dem SUV oder mit dem Sportwagen – und manchmal sogar mit dem Traktor.

Franz Eberhofer Kreisel, 84160 Frontenhausen

FRANZ-
EBERHOFER-
KREISEL
Dank an Rita Falk, an das ganze Filmteam
und an den Markt Frontenhausen
(das echte Niederkaltenkirchen)
Gangkofen 16 km
Markkofen 2 km
U1
POLIZEI

Alles Maßarbeit

65 Dinklreiter Edel und Schuh in Bad Griesbach

Viele Menschen kaufen Schuhe per Mausklick oder beim Discounter. Doch es gibt auch einen gegenläufigen Trend: Immer mehr Leute legen wieder Wert auf Qualität sowie beste Passform und gehen sogar noch einen Schritt weiter: Sie lassen sich ihre Schuhe nach Maß anfertigen. Stephan Dinklreiter in Bad Griesbach gehört zu den wenigen Schuhmachermeistern, die noch individuelle Modelle aus ausgewählten Materialien anfertigen. Rahmengenähte Maßschuhe und von Hand gefertigte holzgenagelte Schuhe aus Leder sind seine Leidenschaft.
Golfschuhe, Anzugschuhe, Stiefeletten: In seinem Geschäft kann man eine kleine Auswahl seines Könnens in Augenschein nehmen. Der Niederbayer macht Schuhe aus Kalbs-, Straußen- oder Büffelleder. Doch es gibt kaum eine Lederart, die er nicht verarbeiten kann. Dazu gehört auch Fisch wie beispielsweise Rochen. Geschützte Tierarten sind natürlich tabu. Doch die glücklichen Kunden können sich nicht nur das Leder und die Farbe aussuchen, sondern haben auch die Wahl zwischen vier verschiedenen Arten der Besohlung. Nach der Auswahl eines klassischen Modells kann man dieses nach Belieben individualisieren. Dies gilt etwa für Linien, Nähte, Lochverzierungen oder aufgenähte Vorderkappen. Schuhe nach Maß haben ihren Preis, doch dafür sind sie einzigartig und äußerst langlebig. „Wenn man sie normal pflegt und gut behandelt, sind zehn Jahre gar nichts“, sagt der Experte.
Die größte Herausforderung für den Schuhmacher war bislang der Wunsch einer Kundin aus den Arabischen Emiraten. Sie bestellte bei ihm für 20 000 Euro (!) High Heels mit 24 einkarätigen Diamanten. Dinklreiter musste erst einmal einen Juwelier finden, der die Steine in geeignete Fassungen einbrachte, bevor er sich schuhtechnisch ans Werk und die Glitzer-Pumps fertigmachen konnte.
Doch der Rottaler findet nicht nur für (Luxus-)Fragen die passende Lösung, sondern auch für Menschen, die neue Absätze oder Sohlen brauchen, Einlagen benötigen oder mit orthopädisch gearbeiteten Sneakers cool aussehen wollen.

● Dinklreiter Edel und Schuh, Hauptstraße 11, 94086 Bad Griesbach, Tel. (0 85 32) 92 12 25, www.dinklreiter.de

Schön von innen und außen

66 Elke Burmeisters Öcouture in Ingling

Mit ihrem exklusiven Modeatelier ist die Designerin Elke Burmeister in den vergangenen Jahren mehrmals umgezogen. Bisher waren historische Gebäude ihr Domizil. Zuletzt war sie in der Passauer Altstadt zu finden, wo sie im Erdgeschoss eines Stadthauses am Unteren Sand ihre besonderen Modelle fertigte und ausstellte. Wenn sie aus dem Fenster ihrer Werkstatt blickte, sah sie den Inn und die Marienbrücke, die die Altstadt mit der Innstadt auf der anderen Flussseite verbindet. Dem Inn ist die Modeschöpferin treu geblieben. Ihr Atelier befindet sich jetzt nur gut zwei Kilometer entfernt in Ingling, in der österreichischen Gemeinde Schardenberg – in einem neuen Haus am Fluss. Öffnet man die Tür zum Salon, fällt der Blick auf farbenfrohe Modelle – alles Einzelstücke, die man sich auch maßschneidern lassen kann. Die Modedesignerin liebt Farben („Sie tun der Seele gut") und bevorzugt persönlich neben Schwarz Rot in allen Variationen. Ob Hosen, Mäntel, Kleider oder raffinierte Oberteile – es ist ihre Passion, Kleidung zu kreieren, die die Persönlichkeit ihrer Kundinnen unterstreicht und in der sie sich wohlfühlen. Am Ende geht es ihr immer um das kleine Glück: eine Verbindung aus äußerer und innerer Schönheit.

Ihr Markenzeichen sind überraschende Linien und Details. Die Modellschneidermeisterin Elke Burmeister entwirft und näht schnörkellose und zugleich pfiffige, auch gerne einmal asymmetrische Modelle. Das Material spielt eine wichtige Rolle. Die hochwertigen Stoffe „mit viel Naturanteil" kauft sie möglichst in nächster Nähe ein. Leinen bezieht sie beispielsweise aus dem benachbarten Mühlviertel. Da ihr das Thema Nachhaltigkeit sehr wichtig ist, hat die gebürtige Oberbayerin ihr Label „Öcouture" genannt. Es ist ihr Anspruch, dem gedankenlosen Konsum in der Textilbranche etwas Dauerhaftes und Werthaltiges entgegenzusetzen: Kleidungsstücke, die mit ganz viel Liebe und Freude angefertigt werden. Mit dieser Motivation macht sie auch den neuen Ort zu einem Ort des Glücks.

● Elke Burmeister Öcouture, Ingling 8, A-4784 Schardenberg, Tel. (01 60) 99 70 16 54
www.elke-burmeister.de

Ein Nest auf Zeit

67 Haidl-Madl Ferienwohnungen in Bischofsreut

Für manche bedeutet ein altes Bauernhaus eine Last, andere sehen darin ein Kapital – vor allem in punkto Behaglichkeit und Atmosphäre. Für Ingrid Haidl-Madl stand schnell fest, dass sie den über 300 Jahre alten Hof der Familie erhalten und umbauen wollte: als eigenes Zuhause und als Unterkunft auf Zeit für Gäste. Dass sie ein besonderes Gespür für zeitgemäßes Wohnen mit Historie und für eine stimmige Einrichtung hat, attestieren nicht nur die Besucher. Was sie im Weiler Marchhäuser an der bayerisch-böhmischen Grenze geschaffen hat, begeistert auch Architekturkenner. Altes Mauerwerk, ein Kachelofen und unbehandeltes Fichtenholz gehen mit modernen Elementen eine gelungene Kombination ein.

Auch das Draußen ist ein Ort zum Glücklichsein. Auf dem sechs Hektar großen Grundstück grünt und blüht es überall. Die Liebe zur Natur hat die Hofbesitzerin wohl in den Genen. Auch ihre Mutter war eine begnadete Gärtnerin, deren Bauerngarten eine Attraktion. Hier kann man es sich in einer der zahlreichen Sitzecken gemütlich machen und die Seele dieses wunderbaren Platzes erspüren – oder sich im Schwimmweiher erfrischen. Rundherum gibt es nur Obst- und Blumenwiesen und ein Stück weiter Wälder und Moore.

Die drei Ferienwohnungen heißen „Nest", „Alte Liebe" und „Hermann Lenz". Der berühmte Schriftsteller hat seinen Urlaub 23 Jahre lang in Bischofsreut verbracht. Er kannte das Haus und ist in der Gegend viel gewandert. Seine Eindrücke hat er in seinen literarischen Werken wie in den Erzählungen „Feriengäste" verarbeitet. Im Schlafzimmer steht sogar sein Originalbett, das er in den Bayerischen Wald bringen ließ. In der Bibliothek kann man sich in seine Bücher vertiefen. Die innige Verbundenheit zu ihrer Heimat und ihre Wertschätzung für die kleinen Dinge des Lebens möchte Ingrid Haidl-Madl auch ihren Gästen vermitteln: mit selbst gebackenem Kuchen, warmem Kerzenlicht und schönen Details. Es gibt sogar ein kleines Hauskino. Dort kann man sich Filme und Dokumentationen über die Gegend ansehen.

● Haidl-Madl Ferien & Wohnen, Marchhäuser 2, 94145 Bischofsreut,
Tel. (0 85 50) 17 44, www.haidl-madl-ferienwohnen.de

Auszeit vom Alltag

68 Das Blumen-Café in Landshut

Könnte es eine bessere Adresse für ein Blumen-Geschäft mit Café geben als „Rosengasse"? Die kleine Straße ist eine der beliebtesten Verbindungen zwischen der Landshuter Alt- und Neustadt und bekannt für ihre netten kleinen Geschäfte. Um die Straße ranken sich viele Mythen. Zu Zeiten der Pest sollen im Mittelalter aus der abgeschlossenen Gasse wilde Rosenbüsche gewachsen sein. Und dann gibt es noch die Variante, dass sich einst die Damen des horizontalen Gewerbes Rosenblüten in das Dekolleté steckten, um auf sich aufmerksam zu machen … Martina Schmüser hat hier vor rund 20 Jahren einen Laden eröffnet und seitdem den Ehrgeiz, schöne frische Blumen und Pflanzen anzubieten und auch bei Trends immer vorne dran zu sein. Ihre Blumen-Boutique erblühte schnell zu einem Magnet in der Innenstadt.

Irgendwie träumte die Wahl-Niederbayerin lange von einem eigenen Kaffeehaus – spätestens seit ihren Zirkusjahren, als sie mit ihrem Mann unter anderem für Roncalli tätig war. Sie wollte einen bunten, fröhlichen, lebensbejahenden, beglückenden Platz schaffen, an dem sich die Leute wohlfühlen. Als das Geschäft neben ihrer Blumen-Boutique leerstand, durfte sie die Wand durchbrechen und konnte sich diesen Wunsch erfüllen. In ihrem Blumen-Café sollte nur wirklich guter Kaffee ausgeschenkt werden. Martina Schmüser probierte die Produkte verschiedener Röstereien und entschied sich für ein renommiertes Unternehmen aus Oberbayern.

Die Gäste, die im Café Platz nehmen und sich eine Auszeit vom Alltag nehmen, lieben das Ambiente, die Fensterfront zur Rosengasse. Bei einem Latte macchiato und einem von der Chefin gebackenen Stück Tarte oder Guglhupf können sie die Blumenpracht genießen, zusehen, wie Sträuße gebunden werden, sich an hübschen Wohnaccessoires erfreuen. Die Atmosphäre ist familiär und viele Gäste kennen sich. Oft ergeben sich nette Gespräche und es soll so manche Freundschaft entstanden sein. Außerdem gibt es Torten, Croissants und Brezen – und vor allem Kaffee – gepaart mit Blumenduft.

- Blumen-Café, Rosengasse 342, 84028 Landshut, Tel. (08 71) 9 75 16 63
www.blumen-boutique.de
- ÖPNV: ab Bf. Landshut Bus 3 oder 6 bis zur Altstadt, dann zu Fuß zur Rosengasse

Karibisches am Isarstrand

69

Goderbauer Keramik in Landshut

Wegen der reichen Tonerde-Vorkommen hat die Region um Landshut eine lange Keramiktradition. Auch heute gibt es noch viele aktive Keramiker. Goderbauer ist die älteste Töpferei der Stadt. Hier wird seit 1956 Keramik in reiner Handarbeit hergestellt. „Man nehme die vier Elemente Feuer, Erde, Wasser und Luft – dazu Augenmaß, formende Hände und eine kleine Prise unserer Seele in jedes fertige Stück." Und vor allem auch Zeit. Das ist für Martin Goderbauer das Rezept für seine Unikate, die nach uralter Tradition auf der Höhe der Zeit in immer neuen Formen und Farben gefertigt werden.

Der Keramikermeister will die Menschen, die zu ihm kommen, ein wenig glücklicher machen – in seinem liebevoll dekorierten Laden oder wenn sie ihm in der Werkstatt bei der Arbeit – an der Töpferscheibe oder beim Glasieren – zusehen. Er fertigt vor allem Geschirr- und Gartenkeramik und freut sich, dass sich wieder mehr junge Leute für handgemachte Keramik begeistern. Die vielen Zeitschriften, die sich mit Natur-, Land- oder Gartenthemen beschäftigen, stellen regelmäßig schöne Produkte aus Manufakturen vor. Handgemachtes, am besten aus der Region, ist in. Das Schöne: Man kann das Sortiment ständig erweitern – um Ess- oder Pastateller, Weinbecher, Krüge, Schüsseln … Und kein Stück fällt genau wie das andere aus.

Die Farben heißen „Isarkiesel", „Landhaus" (cremeweiß mit sattgrünem Rand), „Tradition" (grün mit Honiggelb als Innenglasur) als Dauerbrenner aus den frühen 1960er-Jahren oder „Karibik" (die leuchtenden Farben der Südsee). Und dann gibt es das „1475". Das ist das Jahr, in dem die berühmte Landshuter Hochzeit stattfand. Schalen, Weinkelche und Humpen sind nicht nur zum alle vier Jahre stattfindenden Mittelalterfest ein beliebtes Geschenk, sondern das Anthrazit mit dem Silberschimmer passt auch hervorragend in moderne Wohnungen. Wie gut all das aussieht, präsentieren Martin Goderbauer und seine Frau Karin (die Schmuck aus Keramik herstellt) mit viel Stilgefühl.

- Goderbauer Keramik & Ambiente, Dr.-Herterich-Allee 9, 84034 Landshut, Tel. (08 71) 6 93 28, www.goderbauer-keramik.de
- ÖPNV: ab Bf. Landshut Bus 4, Haltestelle Sonnblickweg, von dort ca. 2 Min. Fußweg

Die süße Attraktion

70 Der Honigladen in Bad Birnbach

„Ich bin der Chef von mehr als zehn Millionen fliegenden Angestellten und damit der größte Arbeitgeber in Niederbayern", sagt Siegfried Biermeier und lacht. Was er beziehungsweise seine fleißigen Mitarbeiterinnen herstellen, verkauft der Imkermeister seit 1981 in seinem Honigladen in Bad Birnbach. Und der ist für alle Schleckermäuler und all diejenigen, die die positiven Auswirkungen des flüssigen Goldes auf die Gesundheit schätzen, ein glücklich machender Ort. Denn hier gibt es nicht nur die verschiedenen Honigsorten, die Biermeiers 150 Bienenvölker produzieren, sondern auch besondere Erzeugnisse anderer deutscher Imker. Damit ist der Laden in der Region der Honigspezialist schlechthin. Im Angebot sind nicht nur der meisterliche „Rottaler Qualitätshonig" in Varianten wie Raps, Wald, Tanne, Linde, Löwenzahn, Frühjahrs- oder Sommerblüten, sondern beispielsweise auch Heide- und Fenchelhonig oder Honig mit Sanddorn; außerdem echte Bienenwachskerzen, Gelee Royal, Propolis, Met, Honig-Schnaps und -Kosmetik. Biermeiers Tochter Kathrin Held ist als Honigexpertin in die Fußstapfen des Vaters getreten. Sie weiß genau, wofür man welchen Honig am besten nutzt. Nicht nur Urlauber und Kurgäste decken sich gerne mit süßen Mitbringseln ein, auch viele Einheimische kommen in den Honigladen, weil sie hochwertige regionale Produkte schätzen. Siegfried Biermeier ist einer der wenigen Berufsimker, die es in Bayern noch gibt. Seine Bienenvölker befinden sich in einem Umkreis von rund 50 Kilometern auf sorgfältig ausgesuchten Standorten. Auf dem rund 300 Jahre alten Hof der Familie im sechs Kilometer entfernten Steinberg wird der ausgereifte Honig geschleudert und abgefüllt. Bienenzucht hat in der Familie eine über 100-jährige Tradition. Der Opa imkerte noch in geflochtenen Bienenkörben aus Stroh. Heute gibt es am Rottaler Bienenhof auch ein Wirtshäusl mit Gästehaus. Hier kochen die Schwester und die Nichte des Imkermeisters auf: Schmankerl, bei denen Honig als Zutat immer wieder eine Rolle spielt.

● Honigladen Bad Birnbach, Prof.-Drexel-Straße 10, 84364 Bad Birnbach, Tel. (0 85 63) 23 19
www.direktvermarkter-rottal-inn.de/biermeier-siegfried-imkerei

Die Magie des Berges

71 Die GutsAlm Harlachberg in Bodenmais

800 Meter oberhalb von Bodenmais schmiegt sich die GutsAlm Harlachberg auf einer Lichtung zwischen Wälder und Wiesenblumen. „Wiesnschlafhäusl“ kuscheln sich als ökologische Holz-Chalets für bis zu vier Personen an den Waldrand. Ein „Atelierhaus“ am Naturweiher fängt das Nordlicht für Maler ein. Im Obergeschoss laden „Sternguckerkojen“ (Einzelzimmer) zur nächtlichen Himmelsbetrachtung ein. „Ich fühle mich hier wie im Paradies“, sagt ein Gast, der immer wieder kommt, um neue Kraft zu tanken. Und in der Tat: Dieser Ort hat etwas Paradiesisches. Er macht diejenigen glücklich, die sich an Natur, Ruhe und Ursprünglichkeit erfreuen können. Das Mini-Bergdorf bietet vielfältigste Möglichkeiten: Hier kann man entspannen, feiern, tagen, waldbaden, im schönsten Biergarten der Region Brotzeit machen, Wirtshauskultur vom Feinsten genießen, malen, an einem Yoga-Workshop teilnehmen und man kann sogar heiraten: standesamtlich, kirchlich oder „frei“ – beispielsweise auf der Wiese vor der Hofkapelle aus dem 17. Jahrhundert, mit einem Ausblick zum Niederknien. Hier haben Kinder ausreichend Platz zum Entdecken und Toben. Das Brot wird nach alter Rezeptur in einem Steinbackofen gebacken. Und das kann man sogar vor Ort erlernen und sich einen selbst gebackenen Laib mit nach Hause nehmen.

Für die „Berg-Chefin“ Anneliese Kraus ist ein Traum in Erfüllung gegangen, von dem sie gar nicht wusste, dass sie ihn hat. Nach dem Tod des Schwiegervaters, der den Berg gekauft hatte und nachdem der Orkan Kyrill in der Region getobt und nur die Jugendstilvilla verschont hatte, setzte sie sich intensiv mit der Geschichte des Ortes auseinander – und spürte schnell seine Magie. Mit ihrem Mann beschloss sie, die alten Gehöfte nach zeitgemäßen Kriterien sukzessive wieder aufzubauen. Sie will ihren Gästen das Gefühl natürlicher Einfachheit in (inzwischen) preisgekrönter Architektur ermöglichen. Und die Niederbayerin wünscht sich, dass dieser Ort ein Segen für viele Menschen ist. Auch dieser Wunsch hat sich erfüllt!

● GutsAlm Harlachberg, Harlachberg 1+2, 94249 Bodenmais, Tel. (0 99 24) 9 43 49 30, www.harlachberg.de
● ÖPNV: ab Bf. Plattling mit der „Waldbahn“ über Zwiesel zur Haltestelle Bodenmais/Böhmhof oder bis zum Bf. Bodenmais (Hausgäste werden abgeholt)

Zeitreise ins Mittelalter

72 Das Fest „Auf Heller und Barde" in Arnstorf

Alle vier Jahre beamt sich der Markt Arnstorf zurück ins Mittelalter und taucht ein in eine andere Welt, eine Welt mit edlen Rittern, hübschen Burgfräulein, Gauklern, Artisten, Feuerschluckern, Straßenmusikanten, Bogenschützen, Fahnenschwingern, Falknern, Hexen, Händlern und Handwerkern – alle in historischen Kostümen. 1419 hatte Herzog Heinrich XVI. der Reiche von Niederbayern-Landshut die Marktrechte an Arnstorf verliehen. Dieses Ereignis wurde 1989 mit dem ersten mittelalterlichen Musik- und Handwerkerfest unter dem Motto „Auf Heller und Barde" gefeiert. Dieses Fest nahm immer größere Dimensionen an und lockte immer mehr Besucher aus nah und fern an. Das Festival findet auf einem stattlichen Areal von 200 000 Quadratmetern statt. Der Hof und der Park des Oberen Schlosses, der Marktplatz und viele weitere Plätze und Grünanlagen werden drei Tage lang zu einer einzigen großen Erlebnismeile mit fünf Bühnen. Am historischen Festzug am Sonntag beteiligen sich mehr als 1200 Menschen zu Fuß als Darsteller; außerdem sind jede Menge Reiter, Pferdekutschen und -gespanne mit von der Partie. „Die Gesellschaft der Vier Lande" veranstaltet auf der Festwiese hinter dem Oberen Schloss hoch zu Ross in blankem Stahl (in 40 Kilo schweren Rüstungen) spektakuläre Turniere. Die Ritter zeigen mit Echtholzlanzen und geschmiedeten Waffen authentische Kämpfe in verschiedenen Wettkampfdisziplinen.

Es gibt eine Pferdekoppel, einen Streichelzoo und allerorten Lager, die oft schon zwei, drei Wochen vor dem Fest aufgebaut werden. Ein Highlight ist das Heerlager der Kreuzritter, das von den Faschingsfreunden und ihrer Mittelalterabteilung „Ordo Teutonicus Arneivicus" dargestellt wird. Der ganze Ort (Firmen, Geschäftsleute, Vereine und die Bürgerinnen und Bürger) unterstützt und lebt diese fantastische Zeitreise. „Auf Heller und Barde" ist ein einziges großes Spektakulum mit unmittelbar erlebter Geschichte, Spaß, Sengzelten, Fleisch und Fisch vom offenen Feuer, Genuss, Spannung und Unterhaltung.

● www.mittelalterfest-arnstorf.de

1457

Göttliche Unterkunft

73 Ferienwohnungen in der Lukaskirche Kelheim

Haben Sie schon mal in einer ehemaligen Kirche übernachtet? Dieses einmalige Erlebnis kann man sich inmitten der Bauersiedlung in Kelheim verschaffen. Dort haben der Architekt Rainer Wilhelm (Käufer) und der Systemverwalter Patrick König (Pächter und Vermieter) die stillgelegte evangelische Lukaskirche samt Gemeindesaal und angebautem Pfarrhaus saniert, zu Ferienwohnungen umgebaut und neu belebt. Das ehemalige Gotteshaus ist nicht nur von innen, sondern auch von außen architektonisch interessant. Bei der 1962 eingeweihten und 2016 „entwidmeten" Kirche handelt es sich um den einzigen Rundbau des Architekten Olaf A. Gulbransson. Er plante und schuf in Bayern eine Vielzahl besonderer Kirchenbauten. Die Lukaskirche steht seit 2017 unter Denkmalschutz.

TIPP

Die Markuskiche in Kelheim wurde ebenfalls von Olaf A. Gulbransson entworfen.

Die farbig leuchtenden Glasfenster des Münchner Kunstmalers Hubert Distler tragen den Titel „Es werde Licht". Und dieses Licht zieht einen je nach Sonneneinstrahlung immer wieder in den Bann. Wenn man es sich auf der großzügigen Couchlandschaft gemütlich macht, kann man die spezielle Atmosphäre dieses Ortes entspannt auf sich wirken lassen. Der Altar, das schlichte Altarkreuz, das Taufbecken und die (bespielbare) Orgel befinden sich noch am selben Platz wie früher. Der Blick nach oben in die neun Meter hohe Holzkuppel mit dem sternenförmigen Fenster zum Himmel ist beeindruckend und macht irgendwie demütig. Die Wohnung im Kirchenschiff ist 16 Meter hoch und hat einen Durchmesser von zwölf Metern. Für die Planer war es nicht einfach, all das, was eine Kirche ausmacht, in eine Wohnnutzung zu überführen. Es ist ihnen auch in punkto Einrichtung gut geglückt. Der Wohn- und Schlafbereich sind durch ein großes Regal als Raumteiler optisch getrennt. Es gibt sogar eine offene Küche mit Barhockern. In der eigentlichen Kirche und im Pfarrhaus hat man die Wahl zwischen drei großen modernen Wohnungen. Auf insgesamt 500 Quadratmetern Wohnfläche können 26 Personen übernachten. Im Kirchenschiff mit drei Schlafzimmern ist Platz für acht Leute.

● Dreamcation Apartments/Patrick König, Kleiberstraße 14 u. 16, 93309 Kelheim, Tel. (01 60) 3 33 39 02, www.dreamcation.smoobu.net/de/apartments

Besser als im Kino

74 Das Paul-Theater in Straubing

Vor Ort laden 86 edle samtrote Sessel ein zum genussvollen Platznehmen wie im eigenen Wohnzimmer. Das Paul-Theater im früheren Kaufhaus Paul in Straubing gilt wegen seines speziellen Ambientes in der niederbayerischen Kulturszene als Schmuckkästchen, das sich ständig aufhübscht. Es hat eine große Fangemeinde, die gerne auch mal von weiter herkommt. Doch nicht nur die Besucher sind begeistert von der fast familiär anmutenden Atmosphäre, sondern auch die Künstler loben die Nähe zum Publikum und das unmittelbare, sichtbare Feedback. Sitzt man in der ersten Reihe, befindet man sich mit den Darstellern auf Augenhöhe. Dank der niedrigen Deckenhöhe ist die Akustik formidabel. Hier im zweiten Stock war früher einmal der Gastro-Bereich des Kaufhauses angesiedelt. Auch im Theater müssen die Besucher nicht darben und bekommen an einer kleinen Bar Drinks und Snacks serviert. 2015 hat der Paul-Theater e.V. den Betrieb und die Organisation des Mini-Theaters übernommen. Die Vereinsmitglieder haben alle anstehenden Aufgaben ehrenamtlich unter sich aufgeteilt und brennen für ihr Projekt.

Die „Paulchens“ sind die hauseigene Theatergruppe. Sie haben im Laufe der Jahre viele Eigenproduktionen auf die Beine gestellt. Mit dem legendären „Münchner im Himmel“ fing 2010 alles an. Es folgten Theater-Klassiker wie „Die Feuerzangenbowle“, „Der Hauptmann von Köpenick“, „Der Schinderhannes“, „Der Vorname“ oder „Die Physiker“. Brigitte Vogel steht dem Verein vor und wirkt als Regisseurin. Mit ihrem Aktiven-Team sucht sie die Theaterstücke aus und verteilt die Rollen. Doch im Paul-Theater wird nicht nur Theater gespielt. Die Bühne macht immer wieder mit einem abwechslungsreichen Programm auf sich aufmerksam. Hier treten Kabarettisten und Musiker auf oder die Kinder jubeln dem lustigen Kasperl zu. Man kann die Räumlichkeiten aber auch für Firmenevents mieten. Damit der Truppe die Nachfolger nicht ausgehen, finden in den Sommerferien Workshops für Kinder und Jugendliche statt und es gibt sogar einen eigenen Jugendclub.

● Paul-Theater, Burggasse 17, 94315 Straubing, Tel. (0 94 28) 26 06 05
www.paul-theater.de
● ÖPNV: Bf. Straubing, ca. 10 Min. Fußweg

10 Höhenmeter bis zum Theater

Ein Herz für die Natur

75

Der Ponzaunerhof in Hebertsfelden

Urlauber, die den neuesten Spa und die hippste „Location" suchen, kommen eher nicht hierher. Wer sich für ein, zwei oder mehr Wochen im Ponzaunerhof einquartiert, sucht (und findet) etwas anderes: ländliche Authentizität und Ursprünglichkeit, die nicht auf Komfort und moderne Technik (WLAN) verzichtet. Emmi und Flori Gruber ist in der alten Rottaler Einöde auf ihrem Hof etwas Wunderbares geglückt: Sie haben auf ihrem großzügigen Vierseithof ein Refugium für Erholung suchende Naturliebhaber geschaffen und ein Paradies für Familien mit Kindern. Die Biohof-Besitzer wohnen in einem denkmalgeschützten Stockhaus aus dem Jahre 1784 und haben ein Herz für alles was blüht, grünt, kreucht und fleucht.

Der Hof hat das Gute an den alten Zeiten bewahrt. Es stehen vier heimelige, bestens ausgestattete Unterkünfte zur Auswahl: Floris Ferienhaus, Emmis Stadl, die Nussbaum- und die Stockhauswohnung. Es fühlt sich an, als ob man hier intensiver lebt und fühlt. Endlich einmal ausschlafen, in einer Hängematte sanft schaukelnd ein Buch lesen – fernab vom Autoverkehr; die Tiere besuchen: die Rinder, Schafe, Meerschweinchen, „Greti", die Ziege, „Konrad", den Gockel, oder den roten Kater Bum Bum. Die Kids lieben den großen Heuboden mit eigener Slackline, das Baumhaus, die Bastelwerkstatt im alten Stadl und das tägliche „Abendstalli" um 16.30 Uhr. Dann dürfen sie im Stall mithelfen und lernen, wie man verantwortungsvoll mit den Tieren umgeht.

TIPP

Das Museum Hebertsfelden ist ein Heimatmuseum „zum Anfassen".

Auf dem Hof kann man aber nicht nur Urlaub machen, sondern auch Blühpate werden und dadurch zur Verbesserung der Artenvielfalt beitragen, also dafür sorgen, dass Schmetterlinge, Bienen, Grillen, Rebhühner, Feldhasen, Rehe, Kiebitze, Wachteln und Co. wieder einen Lebensraum finden. Das eigene Fleckerl Blühacker markiert ein persönliches Patentaferl aus Holz mit dem Namen des Paten (manche Urlaubsgäste gestalten es sogar selbst). Die Grubers haben dafür ein Areal von fast 2,5 Hektar zur Verfügung gestellt und 50 verschiedene Kultur- und Wildpflanzen angesät.

● Der Ponzaunerhof, Ponzaun 2, 84332 Hebertsfelden, Tel. (0 87 26) 13 48
www.ponzaunerhof.de

Gruber Ludwig
Bayerischer
Heimatdichter
* 1922 2005 †

Süße Verführung

76 Die „Sweet Factory" in Pfarrkirchen

Das Hinweisschild „Fabrikverkauf" führt in die falsche Richtung – gedanklich. Denn in dem unscheinbaren Bau, einem ehemaligen Autohaus direkt am Pfarrkirchener Festplatz, findet keine Industrieproduktion statt. Hier geht der Bäckermeister, Konditor und Patissier Klaus Friederich seiner Leidenschaft nach. Er stellt Süßes her, in zig Varianten: als Schokolade, Pralinen, Kuchen, Gebäck, Plätzchen, Likör, Konfitüre, Lebkuchen, Eis nach italienischen Rezepten oder auch in Form von aufwendigen Torten. Weil er dafür kaum Maschinen verwendet, ist Manufaktur für sein Geschäft der richtige Begriff. In der übersichtlichen Backstube und Schokoküche verarbeitet Friederich mit einem kleinen Team jährlich allein ungefähr drei Tonnen Kuvertüre. Seine handgeschöpften Produkte kann man vor Ort erwerben, im Café probieren und konsumieren oder sich auch nach ganz persönlichen Vorstellungen anfertigen lassen. „Es gibt fast nichts, was man nicht aus Schokolade machen könnte", sagt der Süßwaren-Spezialist, der Herausforderungen liebt. Für ihn wäre es nicht vorstellbar, immer dieselben Produkte herzustellen. Daher bereitet es ihm große Freude, Schokoladiges in immer neuen Geschmacksrichtungen und Formen zu kreieren. Er arbeitet dabei gerne mit Unternehmen in der Region zusammen. So gibt es bei ihm beispielsweise Weißbierpralinen oder eine Goassmaß-Schokolade „mit der Aldersbacher Kloster Weiße Hell". Regionalität wird großgeschrieben. Die Zutaten stammen von Erzeugern aus der Gegend oder aus dem eigenen Garten (der Honig von den eigenen Bienen). Die Möglichkeit, individuelle Produkte in kleineren Mengen zu bekommen, schätzen auch viele Unternehmen, die süße Präsente mit ihrem Firmenlogo ordern. Für Klaus Friederich kann es gar nicht ungewöhnlich genug sein. Eine Sauerkraut-, Absinth- oder Käseschokolade? Kein Problem! Ziegelsteine oder Schrauben aus Schokolade? Natürlich auch nicht! Seine süße Kunst gibt er gerne weiter. So kann man bei ihm lernen, wie man Pralinen herstellt oder Torten toll dekoriert.

● Sweet Factory – die süße Manufaktur, Neuwiesenweg 9, 84347 Pfarrkirchen, Tel. (0 85 61) 98 92 91, www.sweetfactory.de

F(r)isch auf den Tisch

77 Verbeek Fischzucht in Außernzell

Wenn sie Lust auf Fisch haben, greifen Verbraucher im Supermarkt gerne zu Pangasius, Lachs, Kabeljau und Co. Sie vergessen manchmal, wie schmackhaft und gesund heimische Fischarten sind – und wissen oft gar nicht, wie frisch man sie in der Region kaufen kann. In Außernzell am Ufer der kleinen Ohe züchtet die Familie Verbeek Forellen und Saiblinge. Verkauft werden sie fangfrisch („in Sushi-Qualität"), grätenfrei filetiert, küchenfertig, vakuumverpackt – je nachdem, wie es die Kundschaft wünscht – in einem kleinen „Hofladen". Der Clou ist die Räucherkammer dahinter. Jeden Freitag um 10.30 Uhr stehen Menschen Schlange, um sich ihren heißgeliebten frischgeräucherten, noch warmen Fisch abzuholen. Außer den selbst gezüchteten und geschlachteten Regenbogenforellen und Saiblingen gibt es auch Stremellachs. Die Rohware wurde zuvor in einen Salz-Knoblauch-Wacholder-Lorbeer-Sud eingelegt, am frühen Morgen nachgewaschen und über Erlenholz geräuchert.

In unmittelbarer Nähe befinden sich die großzügigen Außenteichanlagen und die Fischhalle. Sie werden durch Frischwasser aus dem Flüsschen gespeist. Außer der exzellenten Fisch-Qualität schätzen die Kunden aus nah und fern die kurzen Transportwege. Außerdem können sie vor Ort den Prozess vom befruchteten Ei bis zum Speisefisch nachvollziehen. Kleine und große Besucher freuen sich, wenn sie bei der Fischfütterung zuschauen oder die Zwergziegen und Hühner rundherum „besuchen" können. Weil immer mehr Konsumenten regionale Produkte bevorzugen und wissen wollen, wo und wie ihre Lebensmittel produziert werden, funktioniert die Direktvermarktung gut.

Alexander Verbeek hat das Fischerei-Hobby, das er mit seinem Vater Bernd teilt, zum Beruf gemacht und sich immer weiter in die Materie eingearbeitet – bis zum Fischwirtschaftsmeister. Er ist überzeugt, dass sich Fische besser entwickeln, wenn es ihnen gut geht und sie ausreichend Platz haben. Im Betrieb arbeitet die ganze Familie mit. Mama Michaela Verbeek ist die gute Seele des Hofladens.

● Fischzucht & Hofladen Verbeek, Eginger Straße 16, 94532 Außernzell, Tel. (0 15 17) 5 04 37 91, www.fisch-verbeek.de

VERBEEK
FISCHZUCHT + HOFLADEN
FREITAG: 9 – 12 UND 14 – 18 UHR | SAMSTAG: 9 – 12 UHR

Augen- und Gaumenschmaus

78 Hofkäserei Familie Moser in Rotthalmünster

Fröhlich-grüne „Schafs-Käse“-Schilder an der Straße weisen den Weg zu einem besonderen Ort, dem Hof der Familie Moser. 1985 hat das Ehepaar Moser das alte denkmalgeschützte Holzhaus gekauft und renoviert. Gegenüber entstand aus alten Holzbalken ein Nebengebäude, das aussieht, als sei es schon immer da gewesen. Im Inneren befindet sich der Hofladen. Das Ensemble hat einen außergewöhnlichen Charme. Überall kann man sich an Details erfreuen, die den Besucher in eine gute alte Zeit katapultieren. Da gibt es einen Trog, aus dessen Hahn Wasser plätschert, Handwerksgerätschaften von Flohmärkten, beschriebene Tafeln, viele Blumen und Kräuter, aber auch ein wenig Fernöstliches. Ein Idyll.

Auf dem Grund rundherum mähen, meckern und iahen die Mitbewohner: 24 ostfriesische Milchschafe, zwei Ziegen und zwei Esel. Im Laufe der Zeit sind immer mehr Tiere hinzugekommen und aus ersten Anfängen mit einer Holzkäseform, die ihr Mann geschnitzt hatte, perfektionierte Isolde Moser die Kunst des Käsemachens. Zuerst waren ihre Erzeugnisse für die Familie bestimmt, später auch für Freunde und weil die Nachfrage durch Mund-zu-Mund-Propaganda immer größer wurde, entschied sie sich dafür, den Naturkäse, den halbfesten Schnittkäse, den Hartkäse, den Ruckinger Ricotta, den Frisch- und Räucherkäse, den Schafmilchjoghurt, die Molke und den Quark auf dem Hof zu verkaufen. Ihrem Bauerngarten entnimmt sie dafür, was gerade so wächst: Giersch, Bärlauch, Schnittlauch, Rosmarin oder Rosenblüten. Daraus entstehen Käsekompositionen, die auch das Auge erfreuen. Eine Zutat macht den Unterschied: „Unsere Produkte werden aus eigener Milch mit ganz viel Liebe hergestellt“, sagt die Käse-Bäuerin. Das Futter für die Tiere (Heu, Gras, Wildkräuter und Wildblumen) stammt von den eigenen Naturwiesen. Öffnungszeiten gibt es nicht. „Wann samma dahoam? Eigentlich owei!“ (für Nicht-Niederbayern: Wann sind wir zu Hause? Eigentlich immer!) Wenn nicht, kann man sich an einem kleinen Kühlschrank bedienen und das Geld hinterlegen.

● Hofkäserei Moser, Asbach/Rucking 4, 94094 Rotthalmünster, Tel. (0 85 36) 14 34

Die persönliche Pfanne

79 Hammerschmiede Kindermann in Waldkirchen

Was für ein archaisch-anrührender Ort: das Düstere, die Glut, die Funken, die alten Werkzeuge, das Schlagen des 125 Kilo schweren Lufthammers, der Lärm. Die traditionsreiche Hammerschmiede Kindermann in Waldkirchen hat eine Nische gefunden und stellt Bratpfannen her, die aus einem einzigen Stück geschmiedet sind. Das bedeutet, dass der Stiel nicht angenietet oder angeschweißt wird. Die sogenannten „Waidler-Pfannen“ sind in der Gastronomie und bei Hobbyköchen heiß begehrt. Der Familienbetrieb hat eine Geschichte, die sich bis ins Jahr 1686 zurückverfolgen lässt. Und die meisten Maschinen, mit denen die Kindermanns arbeiten, stammen noch aus den Anfängen des 20. Jahrhunderts. Schmiedemeister Josef Kindermann und sein ältester Sohn Stefan, Schmied und Ingenieur, führen das Unternehmen. Vater Josef hatte 2014 die geniale Idee mit den Pfannen. Anfangs wurde er dafür noch belächelt, doch nachdem die Frauen seiner Stammtischbrüder die Prototypen getestet hatten, wollten immer mehr Leute auch solche Pfannen. Deren Qualität und Vorzüge sprachen sich herum und die Nachfrage wuchs.

Stefan Kindermann lobt die Nachhaltigkeit seiner Pfannen: „Wenn man sie gut behandelt – am besten mit Olivenöl – halten sie lebenslang.“ In der Hammerschmiede können wegen der vielen Arbeitsschritte in der Woche nur rund 40 Exemplare geschmiedet werden. Daher sind die Pfannen immer schnell ausverkauft. Wenn man sich anmeldet, kann man in der Manufaktur vom ersten bis zum letzten Arbeitsschritt dabei zusehen, wie das Küchenutensil hergestellt wird. Nach der Order vereinbart man einen Termin. Und so sieht der Produktionsweg der Pfanne aus: Das vordere Viertel eines 35 Zentimeter langen Eisenrohlings wird auf 1200 Grad erhitzt und der Pfannenstiel geschmiedet. Der Griff wird in Form gepresst und anschließend entsteht der Korpus. Ihre endgültige Form bekommt die Pfanne dann durch eine 100-Tonnen-Presse. Eine Waidler-Pfanne ist zwar nicht billig, aber ein Unikat. Und wer kann schon sagen, dass er sein Steak in einer persönlich für ihn hergestellten Pfanne brät?

● Hammerschmiede Kindermann, Hammerweg 2, 94065 Waldkirchen
www.hammerschmiede-kindermann.de

Verzauberte Möbel

80 Die Schwägerlwirtschaft in Passau

Mögen Sie es fröhlich-bunt? Dann besuchen Sie doch die Schwägerlwirtschaft in Passau. Was das ist? Ein wunderbarer Ort der Kreativität in der ehemaligen „Alten Apotheke" in der Innstadt, direkt an der Marienbrücke. Woher der Name kommt? Von der Initiatorin Katharina Schwägerl, einer jungen Schauspielerin, die in ihr Elternhaus zurückgekehrt ist, eine Familie gegründet hat und hier eine neue Variante ihrer künstlerischen Ader auslebt: Hier verwandelt sie sich nicht mehr selbst wie früher auf der Bühne in einer Rolle, sondern gibt Möbeln ein schönes neues Gesicht. Im Rahmen von Workshops zeigt sie anderen, wie sie ihre eigenen Möbelstücke verwandeln können. Die Künstlerin lebt und arbeitet in einem der ältesten Häuser der Innstadt, das 1636 erstmals erwähnt wurde. Seit 1876 war das Gebäude im Besitz von Apothekern. Im Erdgeschoss nutzt Schwägerl einen Teil der früheren Einrichtung.

Die Passauerin „verzaubert" alte Nähkästchen, Spiegelkommoden, Buffets, Tische, Eckvitrinen, Stühle und Hocker. Sie restauriert sie und erweckt sie in ihrem Werkstattladen zu neuem Leben. Sie gibt Möbelstücken von der Stange einen individuellen Anstrich und liebt es, aussortierte Dinge aufzuhübschen. Wer sich selbst kreativ betätigen möchte, kann die entsprechenden Techniken erlernen. Ob Pinsel, Schablonen und Dekor: Alles, was man braucht, kann man bei ihr kaufen. Dazu gehören spezielle Kreidefarben, die einen großen Pluspunkt haben: Man muss die Möbelstücke nicht abschleifen und vorbehandeln, sondern kann sofort mit dem Verwandeln starten. In der Schwägerlwirtschaft findet man überdies eine große Auswahl an Unikaten wie Handlettering-Postkarten, handbestickte farbenfrohe Kissen (die Ladeninhaberin liebt die mexikanische Malerin Frida Kahlo), Drucke oder handgeschnitzte Stempel. Wer seinen Geburtstag einmal anders feiern möchte oder einen außergewöhnlichen Junggesellinnenabschied plant, kann das hier tun. Katharina Schechinger („Schwägerl" ist ihr Mädchen- und Künstlername) kümmert sich auch um Kuchen und Getränke.

TIPP

Die altehrwürdige kleine Bäckerei Ratzinger in der Löwengrube 6 lohnt auf jeden Fall einen Besuch.

- Die Schwägerlwirtschaft, Löwengrube 1, 94032 Passau, Tel. (01 76) 24 95 19 34 www.schwaegerlwirtschaft.com
- ÖPNV: Bus 3 oder 4, Haltestelle Kirchenplatz

MÖBELVERWAN
Komm mit dein
Möbelstück und gestalte
es bei mir !!!
ca 3 Std. Material incl.

Bibliografische Informationen der Deutschen Nationalbibliothek
Die Deutsche Nationalbibliothek verzeichnet diese Publikation in der Deutschen Nationalbibliografie; detaillierte bibliografische Daten sind im Internet über http://dnb.d-nb.de abrufbar.

Konzeption/Satz: Droste Verlag, Düsseldorf
Einbandgestaltung und Illustrationen: Britta Rungwerth, Düsseldorf, unter Verwendung von Bildern von © Fotolia.com: jd – photodesign.de; © iStock: Plociennik Robert
Fotos: Christine Hochreiter, außer:
S. 9: Hofgut Hafnerleiten, Günter Standl; S. 11: Fohlenhof, Studio A; S. 15: Rainer Stingl; S. 17: Tilli's Hof, Roland Schreder; S. 19: © Erlebe.bayern, Tobias Gerber; S.29: Eva Weizenberger; S. 31: Scholle-Deubzer; S. 33: Privatbrauerei Falter, Regen; S. 35: Bernhard Goth; S. 37: Stadt Vilshofen, Tom Bauernfeind; S. 39: Jutta Herzog; S. 41: NudelneSterl, Joschija Bauer; S. 43: Gerhard Nixdorf; S. 45, 115: privat; S. 49: Naturhotel Euler; S. 55, 71: Frank Klein; S. 57: Switch Boardershop; S. 59: Alfons Bauernfeind; S. 61: Martina Weiß; S. 65: Silke Pech; S. 69: Engel Naturbrennerei; S. 77: Susanne Fischer; S. 79: Museum Dingolfing; S. 83: Hotel Angerhof; S. 85: Vinylothek; S. 95, 107: Jochen Dannenberg; S. 97: Franz Bogner; S. 101: www.ballonhafen.de; S. 103: Heidi Heigl; S. 109: Kuchlbauer Turm , ein Hundertwasser Architekturprojekt, geplant und bearbeitet von Architekt Peter Pelikan, © Gruener Janura AG, Glarus, Schweiz, (Foto © Brauerei zum Kuchlbauer GmbH & Co KG); S. 111: Kristallglasmanufaktur Theresienthal, Peter von Felbert; S. 117: Hofladen und -café Röll, Sabine Franzl; S. 119: Donauschifffahrt Wurm & Noe, Felix Karle; S. 121: Chocolat, Harry Zdera; S. 123: Hans-Georg Theuerjahr; S. 125: BackLiesl; S. 127: Regine Herzog; S. 129: Marika Hartl; S. 131: Kloster Furth Seminar- und Schulungszentrum; S. 135: Tourismusverband Ostbayern, Maximilian Semsch; S. 141: Ingrid Haidl-Madl; S. 143: Christine Vinçon; S. 145: Goderbauer Keramik; S. 149: Gutsalm Harlachberg, Max Kuchler; S. 151: Matthias Eberl; S. 153: Dreamcation, Michael Straubinger; S. 155: Ulli Scharrer; S. 157: Josef König; S. 163: Robert Maybach; S. 165: Frank Klein

MIX
Papier aus verantwortungsvollen Quellen
FSC® C011279

Druck und Bindung: LUC GmbH, Greven
ISBN 978-3-7700-2333-2

www.droste-verlag.de